FLEURS DE MONTAGNE

Eleanor Lawrence
Cecilia Fitzsimons

Adaptation française de
Noëlle Akoa

GRÜND

GARANTIE DE L'ÉDITEUR
Pour vous parvenir à son plus juste prix, cet ouvrage a fait l'objet d'un gros tirage. Malgré tous les soins apportés à sa fabrication, il est malheureusement possible qu'il comporte un défaut d'impression ou de façonnage. Dans ce cas, ce livre vous sera échangé sans frais.
Veuillez à cet effet le rapporter au libraire qui vous l'a vendu ou nous écrire à l'adresse ci-dessous en nous précisant la nature du défaut constaté. Dans l'un ou l'autre cas, il sera immédiatement fait droit à votre réclamation.
Librairie Gründ - 60, rue Mazarine - 75006 Paris

Adaptation française de Noëlle Akoa
Texte original de Eleanor Lawrence
Illustrations de Cecilia Fitzsimons

Première édition française 1991 par Librairie Gründ, Paris

ISBN : 2-7000-1919-9
Dépôt légal : mars 1991
Édition originale 1990 par Atlantis Publications Ltd
sous le titre original "Mountain flora"

Photocomposition : Bourgogne Compo, Dijon
Imprimé en Espagne
Graficas Reunidas

Sommaire

Introduction

Ce livre s'adresse à ceux qui souhaitent identifier les nombreuses fleurs sauvages qu'ils rencontrent lors de leurs promenades en montagne. Peu de personnes ont le temps ou le désir d'étudier sérieusement la botanique, aussi peut-il s'avérer utile de connaître quelques astuces pour identifier les plantes. Parmi les centaines de fleurs qui poussent dans les montagnes d'Europe, nous avons sélectionné celles que vous aurez le plus de chance de voir, soit parce qu'elles sont communes, soit parce qu'elles sont particulièrement étonnantes. Dans la majorité des cas, on les trouve uniquement sur les plateaux et en montagne (c'est-à-dire au-dessus de 1 000 m). Ne sont pas mentionnées dans ce guide les fleurs de plaine communes qui poussent également sur les versants de montagne à faible altitude. Vous les trouverez dans le livre intitulé « Fleurs Sauvages », publié dans la même collection.

Les noms communs des plantes sont ceux qui figurent habituellement dans les ouvrages de référence, mais nombreuses sont les fleurs qui possèdent plusieurs noms, notamment d'usage local. Si vous ne reconnaissez pas le nom d'une plante, cela ne signifie pas forcément que vous l'avez mal identifiée : vous la connaissez peut-être sous l'un de ses autres noms.

Comment utiliser ce livre

Ce guide est divisé en cinq sections, correspondant à cinq couleurs de fleurs : **blanc ; jaune ou orange ; vert ; bleu, violet ou lilas ; rouge ou rose**. Vous pourrez ainsi retrouver facilement et rapidement la plupart des plantes. Toutefois, les fleurs n'entrent pas toujours dans l'une de ces catégories. Certaines sont bicolores (tel le Sabot de Vénus, bordeaux et jaune) et d'autres, dites « roses », sont d'une nuance subtile qui hésite entre le rose et le lilas. Quelques fleurs blanches présentées ici existent également sous une forme rose. Gardez ce point à l'esprit si vous ne parvenez pas à déterminer exactement la couleur d'une fleur ; consultez également les autres sections.

Il est possible que vous trouviez une fleur qui ne corresponde à aucune espèce en particulier. Dans de nombreux cas, vous pourrez tout de même la rattacher à une famille dont les membres illustrés dans ce livre sont très proches de la fleur qui vous intéresse.

Guide d'identification

Déterminez d'abord la section à laquelle appartient votre fleur grâce à sa couleur. Chaque section est elle-même divisée selon l'habitat, c'est-à-dire le type d'endroit où pousse la plante. Les symboles (voir fig. 1) qui figurent en haut de page signalent cinq types d'habitats différents. De nombreuses plantes n'en fréquentent qu'un seul, mais d'autres en peuplent plusieurs ; dans ce cas, différents symboles apparaissent dans le bandeau de couleur. Ces habitats sont présentés dans l'ordre où vous les rencontrez lorsque vous gagnez de l'altitude en montagne ; cependant, n'oubliez pas que ces divisions ne sont pas toujours très strictes. Le bord abrité des cours d'eau, par exemple, fournit un habitat continu qui s'étend des plaines jusqu'en montagne. Les plantes poussant sur les rochers peuplent aussi bien les régions de basse que de haute altitude.

Fig. 1 Habitats

Prairies de vallée, végétation haute, bords des cours d'eau

Bois, broussailles

Prairies de montagne, pâturages, versants découverts

Landes, marécages

Rochers, éboulis, etc.

Caractéristiques de la plante

Il est rare de pouvoir identifier une plante par une seule caractéristique. Il faut généralement étudier le type et la disposition des fleurs, ainsi que la forme et l'arrangement des feuilles, pour s'assurer que l'identification est correcte. Vous trouverez ces informations dans les deux premiers encadrés de la description.

Le premier encadré précise les caractéristiques déterminantes des fleurs et des feuilles qui vous permettront de distinguer la plante d'autres espèces très proches. Le second encadré donne d'autres informations générales concernant la plante, ainsi qu'une description des fruits. La période de floraison est indiquée en bas de page.

La taille de la plante est précisée en haut de page dans le bandeau de couleur.

Basse : moins de 10 cm
Petite : 10 à 30 cm
Moyenne : 30 à 60 cm
Grande : plus de 60 cm

Le diamètre des fleurs ou la longueur de l'inflorescence apparaît également en haut de page, après la taille de la plante.

Répartition

Le troisième encadré précise l'habitat et indique l'aire de répartition de la plante en Europe. La carte (fig. 2) vous permet de localiser facilement l'espèce dans les principales aires montagneuses d'Europe centrale et occidentale.

Fig. 2 Carte de distribution

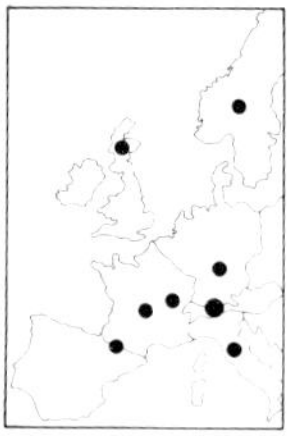

Espèces similaires

Le quatrième encadré signale quelles sont les espèces avec lesquelles il est possible de confondre la plante. Celles qui sont illustrées et qui font l'objet d'une description détaillée figurent en caractères gras. Celles qui ne sont pas illustrées apparaissent en caractères simples.

Autres espèces

À la fin de la plupart des sections, vous trouverez une brève description illustrée d'autres espèces assez répandues.
Vous savez maintenant comment utiliser ce guide. Son petit format vous permet de le glisser dans votre poche dès que vous partez en promenade.

N'oubliez pas, chaque fois que vous identifiez une nouvelle plante, de cocher la case correspondante dans l'index.

Les plantes de montagne sont dangereusement menacées du fait de la réduction de leur habitat, due au développement des activités humaines, ainsi que par la cueillette et le ramassage des espèces les plus belles, comme par exemple les Gentianes. De nombreuses plantes présentées dans ce livre sont protégées dans la plupart des pays européens. Abstenez-vous de cueillir ne serait-ce qu'une fleur, même si la plante paraît très abondante. « Apportez le livre près de la fleur et non la fleur près du livre », ou bien prenez une photographie. N'arrachez jamais une plante pour l'installer dans votre jardin. Elle ne survivrait probablement pas. Adressez-vous plutôt à un pépiniériste spécialisé dans la production de fleurs de montagne.

Lecture d'une page

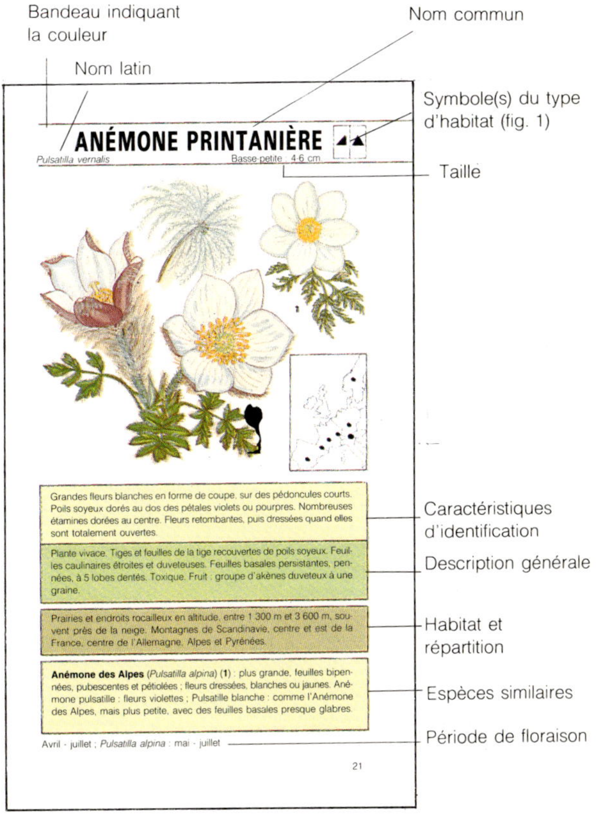

Glossaire

Annuelle Se dit d'une plante qui pousse à partir d'une graine, fleurit, produit des graines et meurt, en une année.
Anthère Partie supérieure renflée de l'étamine portant le pollen.
Bisannuelle Se dit d'une plante qui produit des feuilles la première année, des fleurs et des graines la seconde, puis meurt.
Canaliculé Creusé d'un petit canal.
Caulinaire Qui naît sur la tige.
Fleuron Chacune des petites fleurs dont la réunion forme une fleur composée.
Involucre Ensemble des bractées.
Ombelle Type d'inflorescence dont tous les pédoncules partent d'un même point à l'extrémité de la tige.
Périanthe Ensemble formé par les pétales et les sépales, lorsque ces deux types d'organes se ressemblent.
Vivace Se dit d'une plante qui vit plusieurs années.

Structure de la fleur

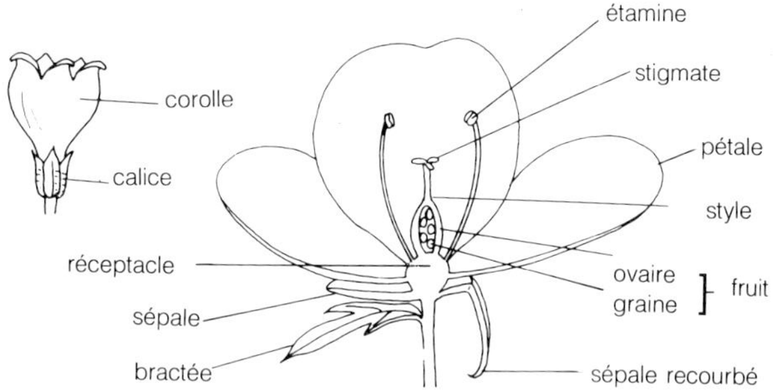

Types de corolles

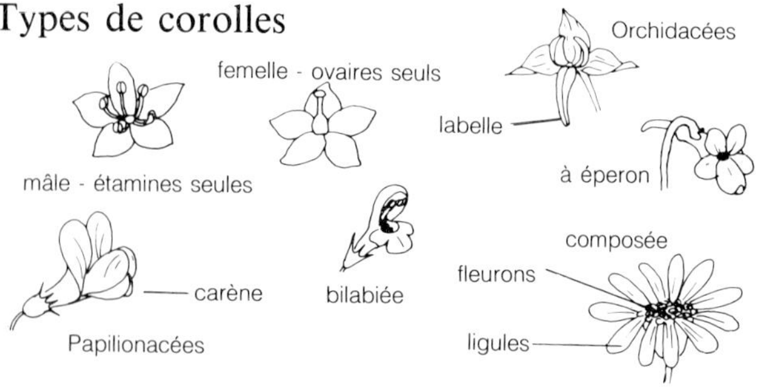

Types de feuilles

feuilles simples - non divisées en folioles

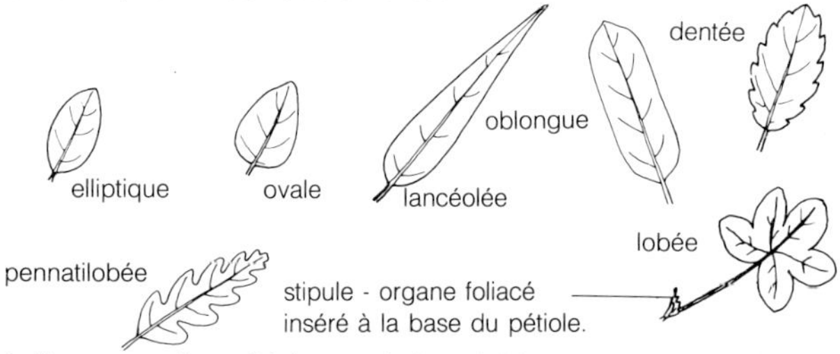

feuilles composées - divisées en plusieurs folioles

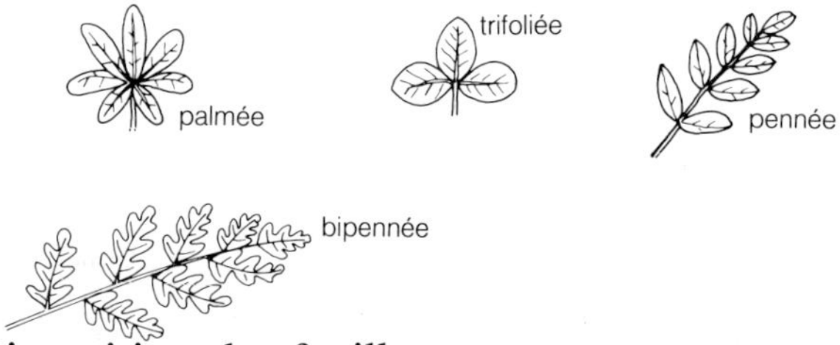

Disposition des feuilles

Fruits

Akène Fruit dur et sec contenant une seule graine.

Baie Fruit charnu contenant plusieurs petites graines dures.

Capsule Fruit sec composé de plusieurs loges et renfermant de nombreuses graines. S'ouvre de différentes façons à maturité.

Follicule Fruit capsulaire renfermant deux rangées de graines.

Silique Fruit sec contenant quelques ou de nombreuses graines et s'ouvrant le long de la ou des lignes de suture.

Organes végétatifs

Bulbe Bouton souterrain entouré de nombreuses écailles charnues gorgées de réserves nutritives. Reste dormant si les conditions climatiques ne sont pas favorables.

Stolon Longue tige rampante partant de la plante mère et sur laquelle apparaissent de nouvelles plantes.

GRANDE RADIAIRE

Moyenne-grande ; 2-3 cm. *Astrantia major*

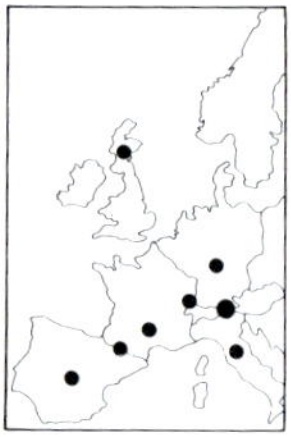

Inflorescences typiques de petites fleurs blanches ou roses à 5 pétales entourées d'une collerette de bractées vert pâle, souvent teintées de rose ou de violet. Feuilles palmées, profondément divisées en 3 à 5 lobes.

Plante vivace. La tige, habituellement non ramifiée, porte plusieurs ombelles à son sommet. Feuilles inférieures pétiolées, feuilles supérieures sessiles. Fruit : capsule striée s'ouvrant en deux à maturité.

Prairies, talus, bois, surtout sur sol calcaire, jusqu'à 2 000 m ; commune dans les Pyrénées, le centre et l'est de la France, les Alpes, les Apennins, le centre de l'Allemagne ; naturalisée ailleurs.

Petite radiaire : plus délicate, inflorescences plus petites et plus blanches, feuilles divisées jusqu'à la base, sur sol acide, jusqu'à 2 700 m ; Sanicle d'Europe : bois, sol calcaire, bractées réduites peu visibles sous les fleurs blanches ou roses ; jusqu'à 1 600 m.

Juin - septembre

PHALANGÈRE

Anthericum liliago Petite-moyenne ; 3-5 cm.

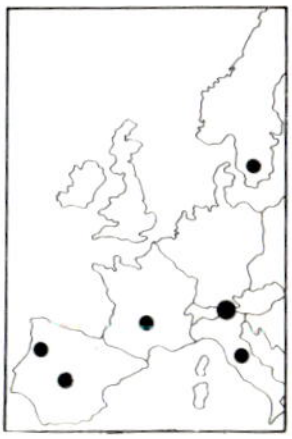

Plante grêle ; épi lâche composé de 6 fleurs étoilées d'un blanc pur sur des pédoncules courts ; ovaire central, vert et arrondi. Six étamines plus courtes que les « pétales » (segments de périanthe). Longues feuilles étroites issues de la base.

Plante vivace, non ramifiée, composée de tiges et de feuilles lisses et glabres. Bractées étroites et membraneuses à la base des pédoncules. Le fruit est une capsule ovale à 3 loges.

Endroits secs découverts des collines et montagnes, surtout sur sol calcaire, jusqu'à 1 800 m, de l'Espagne au Portugal (sauf dans les Pyrénées). Limite est : Alpes ; limite nord : sud de la Suède.

Anthericum ramosum : plus petit, fleurs sur épi ramifié. Asphodèle blanc : généralement plus grand, plus robuste, segments du périanthe étroits, fleurs regroupées en épi compact. Lis de saint Bruno : grandes fleurs odorantes en trompette ; aussi dans les Pyrénées.

Juin - août

NARCISSE DES POÈTES

Moyen ; 4-6 cm. *Narcissus poeticus*

Narcisse blanc commun des montagnes, ornant les prairies humides d'un tapis de fleurs blanches délicatement parfumées en avril et mai. Fleurs composées de 6 « pétales » blancs entourant une courte collerette orange en trompette.

Plante bulbeuse vivace. Feuilles gris-vert, longues et étroites. Le fruit est une capsule renflée contenant de nombreuses graines ; il se développe à la base des fleurs.

Prairies humides, jusqu'à 2 300 m. Pyrénées, montagnes du centre et de l'est de la France, Alpes. La plante est naturalisée ailleurs ; commune dans les parcs et jardins.

D'autres Jonquilles et Narcisses poussent encore à l'état sauvage dans leurs montagnes d'origine, en Europe : la Jonquille, le Narcisse à bulbes (Espagne et France), et le petit Narcisse jaune à nombreuses fleurs *Narcissus requienii* (Pyrénées).

Avril - juin

CARLINE ACAULE

Carlina acaulis

Basse ; capitule : jusqu'à 10 cm.

Capitules solitaires étonnants, poussant au ras du sol, entourés d'une rosette de feuilles épineuses, formés d'un disque central de fleurs tubuleuses blanchâtres à brunes, bordées de longues bractées pointues, roses à argentées.

Plante bisannuelle ou vivace à faible longévité, qui meurt après la floraison. Feuilles pennées, épineuses, légèrement duveteuses au dos. Graine avec aigrette de poils duveteux.

Versants pierreux et rocailleux, prairies, jusqu'à 2 800 m d'altitude dans les Pyrénées, les montagnes françaises, en Allemagne, dans les Alpes et les Apennins.

Une sous-espèce pouvant mesurer 60 cm de haut a parfois jusqu'à 6 capitules ; Chardon doré : capitules plus petits, en groupe de 1 à 5, avec bractées jaunâtres, jusqu'à 1 750 m ; Chardousse : capitules acaules atteignant 15 cm de diamètre, bractées jaunâtres.

Juillet - septembre

VARAIRE

Moyen-grand ; 1,5-2,5 cm. *Veratrum album*

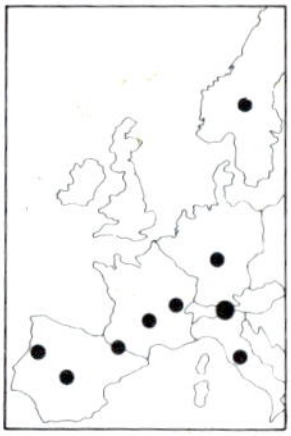

Les longs épis de cette plante toxique sont caractéristiques de nombreux paysages de montagne. Les fleurs blanc-vert à 6 étamines jaunes irradiant du centre, forment une longue inflorescence compacte et ramifiée.

Plante vivace. Grandes tiges vigoureuses portant des feuilles plissées épaisses, de forme ovale, qui embrassent la tige par 3. Tige recouverte de poils fins, feuilles et bractées duveteuses au dos. Fruit : capsule pubescente.

Pâturages et lieux herbeux et humides de montagne, jusqu'à 2 700 m, quasiment partout en Europe, sauf en Grande-Bretagne.

Asphodèle blanc : épis de fleurs blanches étoilées plus grandes, feuilles linéaires rubanées, partant de la base ; **Gentiane jaune** (quand elle n'est pas en fleurs).

Juin - août

ANÉMONE À FLEURS DE NARCISSE

Anemone narcissiflora Basse-moyenne ; 2-3 cm.

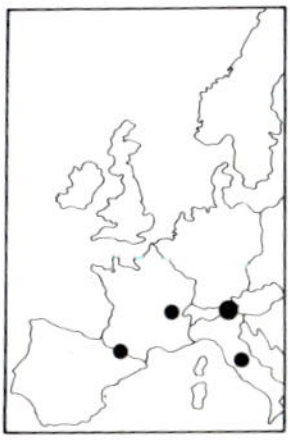

Fleurs à longs pédoncules avec 5 ou 6 sépales blancs, souvent teintés de rose au dos, nombreuses étamines dorées au cœur. Fleurs par 3 à 5 au sommet des tiges. Feuilles profondément découpées, dentées, par groupes de 3 à la base des pédoncules.

Plante vivace. Feuilles et tiges pubescentes, feuilles basales palmées, puis lobées à partir du milieu et dentées. Toxique. Le fruit est un groupe d'akènes renfermant chacun une seule graine.

Prairies de montagne ensoleillées, le plus souvent sur sol calcaire. Entre 1 500 et 2 600 m dans les Pyrénées, le Jura, les Alpes et les Apennins.

De nombreuses autres Renoncules et Anémones blanches assez identiques poussent en montagne. **Renoncule des glaciers** et Renoncule à feuilles de parnassie (haute montagne) : fleurs en ombelle non ramifiées, pétales ronds et larges. Anémone sylvie : pousse en plaine et jusqu'à 1 800 m.

Juin - juillet

RENONCULE À FEUILLES D'ACONIT

Petite-moyenne ; 1-2 cm. *Ranunculus aconitifolius*

Nombreuses fleurs blanches à 5 pétales, en bouquets sur des tiges dressées. Chute des sépales rouge-violet à l'ouverture des fleurs. Feuilles palmées composées de 3 à 5 lobes dentées ; celui du milieu est libre à la base.

Plante vivace. Feuilles et tiges légèrement pubescentes. Feuilles supérieures sessiles. Le fruit est un groupe compact d'akènes contenant chacun une seule graine.

Lieux humides en montagne, souvent en grandes colonies, jusqu'à 2 600 m d'altitude, dans les Pyrénées, les Alpes et les Apennins.

Pratiquement identique, mais plus grande, la Renoncule à feuilles de platane pousse partout en Europe à basse altitude et en montagne jusqu'à 1 600 m. Elle se distingue par ses feuilles à 5 ou 7 lobes, celui du centre ne descendant pas jusqu'au pétiole. **Renoncule des glaciers**.

Mai - août

ANÉMONE PRINTANIÈRE

Pulsatilla vernalis Basse-petite ; 4-6 cm.

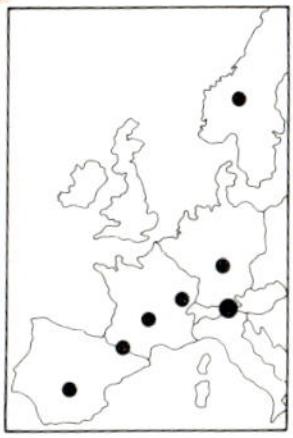

Grandes fleurs blanches en forme de coupe, sur des pédoncules courts. Poils soyeux dorés au dos des pétales violets ou pourpres. Nombreuses étamines dorées au centre. Fleurs retombantes, puis dressées quand elles sont totalement ouvertes.

Plante vivace. Tiges et feuilles de la tige recouvertes de poils soyeux. Feuilles caulinaires étroites et duveteuses. Feuilles basales persistantes, pennées, à 5 lobes dentés. Toxique. Fruit : groupe d'akènes duveteux à une graine.

Prairies et endroits rocailleux en altitude, entre 1 300 m et 3 600 m, souvent près de la neige. Montagnes de Scandinavie, centre et est de la France, centre de l'Allemagne, Alpes et Pyrénées.

Anémone des Alpes (*Pulsatilla alpina*) (**1**) : plus grande, feuilles bipennées, pubescentes et pétiolées ; fleurs dressées, blanches ou jaunes. Anémone pulsatille : fleurs violettes ; Pulsatille blanche : comme l'Anémone des Alpes, mais plus petite, avec des feuilles basales presque glabres.

Avril - juillet ; *Pulsatilla alpina* : mai - juillet

CHÊNETTE

Basse ; 2-4 cm. *Dryas octopetala*

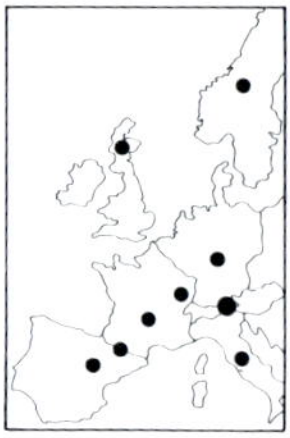

Fleurs blanches composées de 8 pétales et plus, cœur d'étamines dorées, se dressant sur de fines tiges émergeant d'un tapis de feuilles coriaces vert foncé ressemblant à de petites feuilles de chêne. Dos des feuilles blanc.

Plante vivace, persistante, formant toujours un tapis étalé. Feuilles pétiolées. Le fruit est un groupe de petits akènes munis chacun d'un style plumeux persistant.

Dans les prairies et sur les rochers, en sol calcaire. Partout jusqu'à 2 500 m d'altitude, mais au niveau de la mer dans les régions septentrionales.

Aucune espèce similaire ; les feuilles sont caractéristiques.

Mai - août

EDELWEISS

Leontopodium alpinum

Bas-petit ; capitules : 4-6 mm.

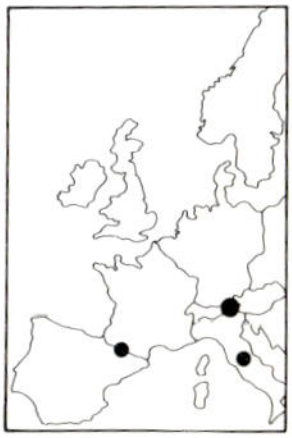

Plante de montagne bien connue. La « fleur » blanche feutrée typique est en fait composée d'un groupe de minuscules capitules ronds formés de petites fleurs tubuleuses jaune pâle, entouré de grandes bractées foliacées gris-blanc.

Plante vivace de haute montagne poussant en touffe. Tige non ramifiée. Feuilles non dentées, alternes, sessiles, blanches ou grises et duveteuses au dos, partant d'une rosette basale. Le fruit est un petit akène.

Versants herbeux et rocailleux, sur sol calcaire. Entre 1 700 et 3 400 m d'altitude dans les Pyrénées, les Alpes et les Apennins.

Aucune espèce similaire. Cette plante est strictement protégée dans son aire de répartition ; elle a quasiment disparu de certaines régions du fait de cueillettes et de ramassages excessifs.

Juillet - septembre

LEUCANTHÈME DES ALPES

Bas-petit ; capitule : 2-4 cm. *Leucanthemopsis alpina*

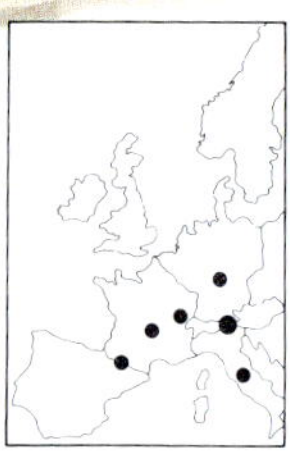

Grands capitules solitaires comme ceux de la Pâquerette, avec disque central jaune et fleurs ligulées périphériques blanches devenant roses. Feuilles gris-vert, le plus souvent basales, pubescentes, pennées et très découpées. Non aromatique.

Cette Marguerite vivace de montagne forme parfois des colonies compactes et dépasse rarement 15 cm de haut. Tiges rosâtres, pubescentes et assez fragiles. Fruit : akène coiffé d'une aigrette.

Dans l'herbe rase, les rochers et éboulis, dans les montagnes d'Europe continentale, sauf la Scandinavie. Présent entre 1 800 et 2 800 m d'altitude.

Camomille (roche acide, Pyrénées, montagnes françaises, nord des Apennins) : identique, mais feuilles inférieures bipennées, moins pubescentes. Marguerite : jusqu'à 2 700 m, plus grande, feuilles moins découpées. *Achillea* sp. : fleurs plus petites, en grappes.

Juillet - août

FENOUIL DES ALPES ◢ ▲

Meum athamanticum Petit-moyen ; 2 mm.

Minuscules fleurs blanches (ou violacées) en petites ombelles arrondies, elles-mêmes regroupées en ombelles plus grandes. Les feuilles plumeuses fortement aromatiques sont pour la plupart regroupées à la base.

Plante vivace. Feuilles et tiges glabres. La base de la tige est engainée de façon typique par les restes des anciens pétioles. Fruit : capsule oblongue, striée. Les racines séchées peuvent être utilisées comme aromate.

Prairies accidentées, rochers, éboulis de montagne ; aime les sols calcaires. Jusqu'à 2 700 m, pratiquement partout, sauf en Scandinavie (mais naturalisé au sud de la Norvège).

Se distingue des autres Ombellifères de montagne par ses feuilles plumeuses composées de fins segments et par son odeur puissante. Cerfeuil musqué : plus grand, très pubescent, feuilles découpées moins finement, aromatique.

Juin - août

DROSÉRA À FEUILLES RONDES

Bas ; 5 mm. *Drosera rotundifolia*

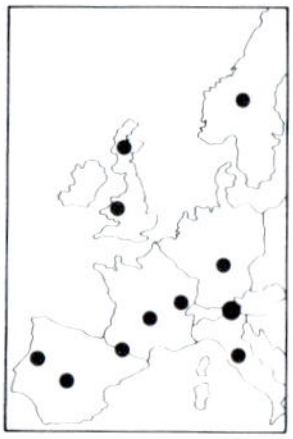

Plante carnivore, rosettes de feuilles spatulées recouvertes de poils rouges visqueux qui piègent les petits insectes. Petites fleurs blanches à 5 pétales arrondis, formant une petite grappe à l'extrémité d'une tige dressée.

Plante vivace. Des glandes sur les feuilles sécrètent des enzymes qui digèrent les petits invertébrés prisonniers des poils visqueux, apportant ainsi à la plante les éléments nutritifs que le sol très pauvre où elle pousse ne peut fournir.

Dans les tourbières, marais de sphaigne et lande, sur sol acide, jusqu'à 2 000 m d'altitude, dans toute son aire de répartition.

D'autres Droséras de montagnes ont des feuilles de forme différente, étroites et allongées dans le cas de *Drosera anglica*.

Juin - août

RAISIN D'OURS

Arctostaphylos uva-ursi

Petit ; 5-6 mm.

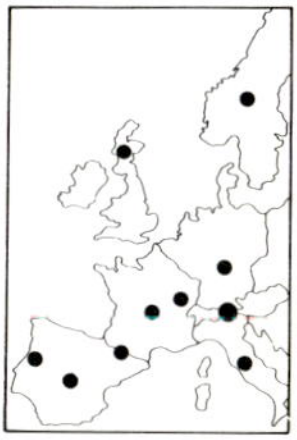

Petites clochettes blanc-vert teintées de rose retombant en petites grappes à l'extrémité de tiges feuillées rampantes. Elles se transforment en baies rouges luisantes, comestibles. Feuilles vert foncé, coriaces, ovales, non dentées.

Sous-arbrisseau rampant à feuillage persistant, formant de grands tapis. Les tiges peuvent atteindre 1,50 m de long. Les fleurs en clochette sont presque sphériques, avec une corolle étranglée à l'entrée et divisée en 5 lobes.

Landes, bruyères, bois clairs, broussailles, en montagne jusqu'à 2 800 m d'altitude, dans toute l'Europe, y compris le nord de la Grande-Bretagne.

Airelle rouge : fleurs ouvertes en clochettes, bord des feuilles enroulé par dessous, baies rouges très acides. **Orcette** et Myrtille : baies noires. Busserolle des Alpes : baies noires à maturité, feuilles dentées.

Juin - septembre

▲ SAXIFRAGE PANICULÉE

Petite-moyenne ; 1 cm. *Saxifraga paniculata*

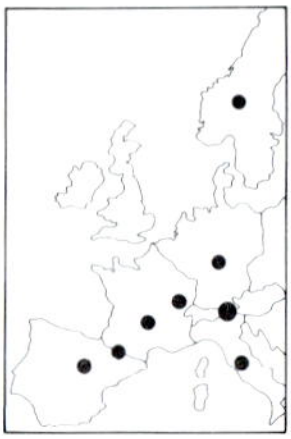

Tige dressée rougeâtre portant un épi lâche de fleurs blanc-crème à 5 pétales (très rarement ponctués de rouge). Elle émerge d'une rosette compacte de feuilles étroites, pointues, vert-gris, incrustées de chaux, à dents fines.

Plante vivace formant de nombreuses petites rosettes de feuilles arrondies. Feuilles rougeâtres, alternes sur la tige. Ovaire vert saillant au centre des fleurs, entouré de 10 étamines. Fruit : capsule à deux loges remplie de graines.

Endroits rocheux, éboulis, jusqu'à 2 700 m d'altitude dans toute l'Europe, sauf en Grande-Bretagne.

Nombreuses Saxifrages à fleurs blanches en montagne. Fleurs identiques (5 pétales, 5 sépales, 10 étamines, ovaire saillant à 2 stigmates). Feuilles rondes (**Saxifrage à feuilles rondes**) à effilées, souvent disposées en rosette basale. Orpins, Joubardes (feuilles) ; **Saxifrage musquée**.

Mai - août

CÉRAISTE ALPIN ▲

Cerastium alpinum

Bas ; 2-2,5 cm.

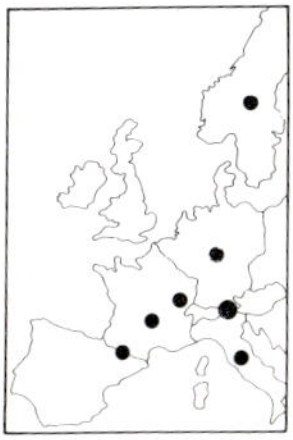

Fleurs blanches à 5 pétales profondément incisés et 5 sépales verts, pubescents, libres. Fleurs solitaires ou en petites grappes lâches. Feuilles opposées, elliptiques, de teinte gris-vert, recouvertes de doux poils blancs.

Plante vivace, formant des tapis. Tiges également couvertes de doux poils blancs. Le fruit est une capsule oblongue s'ouvrant au sommet à maturité en formant de nombreuses dents.

Sur les rochers et corniches, de préférence sur les roches acides ; entre 1 800 et 2 850 m d'altitude, partout dans son aire de répartition, excepté en Grande-Bretagne.

D'autres Céraistes poussent en montagne. Céraiste des champs : présent à basse et haute altitude (jusqu'à 3 100 m), feuilles moins pubescentes ; Stellaire holostée : plus grande, mêmes fleurs (jusqu'à 3 cm), feuilles rugueuses, lancéolées, également en plaine. **Gypsophile rampante**.

Juin - août

▲ ARABETTE DES ALPES

Basse-petite ; 6-10 mm. *Arabis alpina*

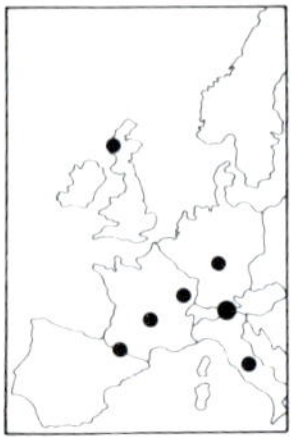

Petites fleurs blanches à 4 pétales, disposées en grappe au sommet d'une tige dressée pubescente. Feuilles de la base oblongues ou elliptiques, pubescentes, à dents irrégulières et pétioles courts, disposées en rosette.

Plante vivace, formant de vastes tapis. Feuilles et tiges pubescentes de teinte gris-vert. Feuilles caulinaires sessiles et embrassantes. Fruit : silique pédonculée pouvant atteindre 3,5 cm de long.

Rochers et éboulis humides, bords caillouteux des cours d'eau, jusqu'à 3 000 m d'altitude, dans presque toute l'aire de répartition, généralement sur sol calcaire.

Hutchinsie des Alpes ; de nombreuses autres Arabettes et espèces apparentées poussent en montagne. Toutes ont des fleurs typiques à 4 pétales, blanches (parfois roses ou jaunes), donnant des siliques rondes ou allongées. *Arabis stricta* : feuilles dentées, vert foncé brillant au dos. Voir Draves.

Avril - août

ACHILLÉE NAINE ▲

Achillea nana Basse-petite ; capitule : 9-11 mm.

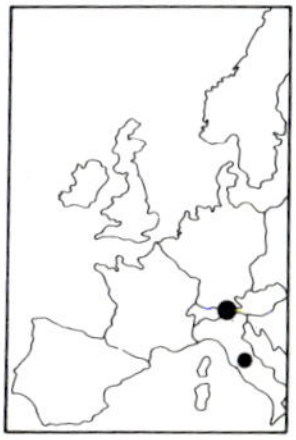

Petits capitules blancs, jaunâtres au centre, en groupe de 4 à 8, composant un bouquet aplati au sommet. Feuilles et tiges grisâtres, duveteuses et aromatiques. Feuilles pennées, finement et régulièrement divisées en lobes.

Plante vivace poussant en petites touffes. Chaque capitule se compose d'un disque central de fleurons jaunes tubuleux entourés de larges fleurs ligulées blanches. Le fruit est un petit akène.

Rochers et éboulis acides, entre 1 700 et 3 000 m d'altitude, dans les Alpes et les Apennins, sauf au sud-est.

A. noirâtre : feuilles plumeuses vert foncé, poils bruns sur les tiges, capitules plus grands, blanc sale. A. ajourée (sud-ouest des Alpes, sur roche acide) : feuilles simples. *A. ptarmica* : plus grande, non aromatique, feuilles pleines, lancéolées, dentées, dans les lieux humides jusqu'à 1 700 m. Millefeuille : jusqu'à 2 500 m.

Juillet - septembre

▲ HUTCHINSIE DES ALPES

Basse ; 4-5 mm. *Hutchinsia alpina*

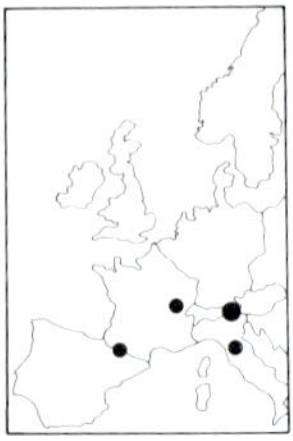

Très petites fleurs blanches à 4 pétales disposées en grappes au sommet de courtes hampes florales sans feuilles, jaillissant d'une touffe de feuilles vert luisant. Feuilles pennées : de 2 à 4 paires de folioles ovales et 1 terminale.

Plante vivace. Hampes florales pubescentes. Fleurs suivies de petites siliques ovales s'ouvrant en deux.

Rochers escarpés, éboulis et endroits rocailleux, jusqu'à 3 400 m d'altitude dans les Pyrénées, le Jura, les Alpes, le centre et le nord des Apennins.

Il existe de nombreuses petites fleurs blanches à 4 pétales en montagne, mais l'Hutchinsie des Alpes se reconnaît à ses feuilles pennées. **Arabette des Alpes**.

Mai - août

RENONCULE DES GLACIERS

Ranunculus glacialis Basse-petite ; 2,5-4 cm.

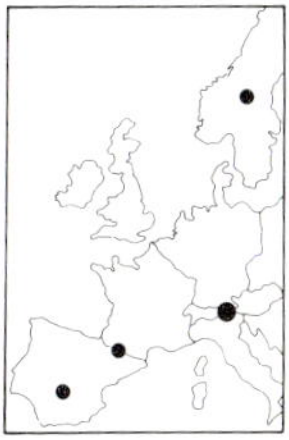

Belle plante à grandes fleurs blanches à 5 pétales, solitaires ou en ombelle simple de 2 ou 3 fleurs, qui rosissent avec le temps. Feuilles basales pétiolées, vert foncé luisant, épaisses, profondément lobées.

Plante vivace formant de petites touffes, feuilles et tiges lisses. **Renoncule à feuilles de parnassie** (*R. parnassifolius*) (**1**) : feuilles cordiformes, bleu-vert. Fruit : groupe compact de petits akènes à une graine.

Roches détritiques et éboulis, entre 2 300 et 4 250 m, souvent près de la neige, en Scandinavie, dans les Alpes et les Pyrénées. Renoncule à feuilles de parnassie : de 1 900 à 2 900 m, dans les Alpes et les Pyrénées.

Renoncule alpestre : feuilles rondes luisantes à 5 lobes grossièrement crénelés, fleurs blanches à 5-7 pétales peu fendus ; *R. amplexicaulis* : feuilles basales ovales, dans les prés, jusqu'à 2 500 m, dans les Pyrénées ; **Renoncule à feuilles d'aconit ; Anémone des Alpes ; Anémone à fleurs de narcisse**.

Juillet - octobre ; *Ranunculus glacialis* : juillet - août

Autres espèces communes

1

2

3

4

5

Parnassie des marais (1) 5 pétales nervurés, 5 étamines saillantes. Feuilles cordiformes, une par tige. Lieux humides, jusqu'à 2 500 m. GB, Scand., Pyr., Alpes. Juin - sept.

Grassette des Alpes (2) 2 points jaunes dans la corolle. Carnivore. Marais, jusqu'à 2 600 m. Scand., Pyr., Alpes. Juin-août.

Saxifrage à feuilles rondes (3) 5 pétales pointus, tachetés de rouge à l'extrémité et de jaune à la base. Feuilles arrondies à grandes dents. À l'ombre, jusqu'à 2 500 m, Pyr., Alpes, Apen. Juin-oct.

Circée des Alpes (4) Petite. Minuscules fleurs blanches en petits épis. Feuilles cordiformes, dentées. À l'ombre, jusqu'à 2 200 m, partout. Juin-août.

Julienne (5) Haute. Feuilles et tige couvertes d'un duvet blanc. Fleurs en grappe, à 4 pétales. Rochers, jusqu'à 1 500 m. Alpes-Marit. Mai-juil.

Autres espèces communes

1

2

3

4

5

Orchis blanc (1) Petit. Épi dressé de petites fleurs blanches ou teintées de vert, odorantes. Endroits herbeux, jusqu'à 2 500 m, partout. Juin-sept.

Androsace helvétique (2) Coussins gris de petites feuilles pubescentes. Fleurs blanches à cœur jaune. Roche calcaire, jusqu'à 3 500 m. Alpes. Mai-août.

Drave (3) Petite. Fleurs blanches à 4 pétales. Rosette de petites feuilles ovales. Rochers, jusqu'à 3 200 m, Alpes, Pyr. Mai-juil. Nombreuses espèces similaires.

Orpin blanc (4) Petites fleurs à 5 pétales. Petites feuilles charnues. Rochers, murs, jusqu'à 2 500 m. Juin-août. Poivre de muraille et Orpin des Alpes : fleurs jaunes.

Silène des rochers (5) Petite. Fleurs à 5 pétales échancrés. Feuilles grisâtres, opposées, elliptiques. Rocher, jusqu'à 2 900 m, Scand., Pyr., Alpes, Apen. Juin-sept.

ÉPERVIÈRE ORANGÉE

Petite-moyenne ; capitule : 1,5-2 cm. *Hieracium aurantiacum*

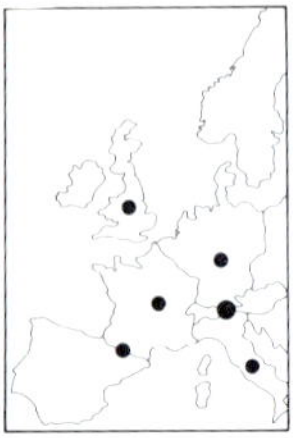

Plusieurs (de 2 à 8) petits capitules rouge-orange vif groupés de façon compacte au sommet d'une tige dressée couverte de poils noirâtres. Bractées noirâtres et pubescentes. Feuilles basales pétiolées, oblongues à lancéolées.

Plante vivace, à pousses rampantes. Feuilles et tiges bleu-vert, très pubescentes. Capitules rappelant ceux du Pissenlit, composés uniquement de fleurs ligulées étroites. Graines coiffées d'une aigrette de poils bruns cassants.

Prairies, terres en friche, en montagne et en plaine. Préfère les sols acides, jusqu'à 2 600 m, dans les Alpes et les montagnes françaises. Naturalisée ailleurs en Europe.

Avec ses fleurs orange, cette Épervière est la plus facile à identifier ; **Épervière laineuse**. Les nombreuses espèces d'Épervières jaunes, de Liondents, de Crépides (*Crepis* sp) et les espèces apparentées possédant ce type de fleurs sont difficiles à distinguer les unes des autres.

Juin - août

ACONIT TUE-LOUP

Aconitum vulparia Moyen-grand ; 1,5-2 cm.

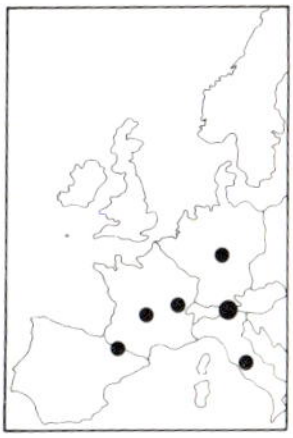

Plante toxique qui se reconnaît aisément à ses longs épis peu fournis composés de fleurs jaune pâle originales. Le « pétale » (segment de périanthe) supérieur forme un long casque étroit et renflé au-dessus des 4 autres.

Plante vivace. Feuilles vert foncé, palmées, divisées jusqu'à la nervure médiane en 4 à 6 lobes, eux-mêmes lobés et dentés. Épis floraux parfois ramifiés. Fruit formé de plusieurs (de 2 à 5) capsules ovales.

Lieux ombragés et humides, bords des cours d'eau, broussailles, végétation haute et prés. Jusqu'à 2 400 m dans les Pyrénées, les Alpes, les Apennins. Plaines (sauf en Grande-Bretagne et en Scandinavie).

Aconitum lamarckii : feuilles vert pâle très découpées. Aconit septentrional : fleurs identiques, mais violet foncé (rarement jaunes), Scandinavie ; Aconit vénéneux : fleurs jaunes (rarement bleues), ressemble à l'**Aconit napel** par la forme. **Digitale à grandes fleurs**.

Juin - août

DORONIC D'AUTRICHE

Moyen-grand ; capitule : 5-6 cm. *Doronicum austriacum*

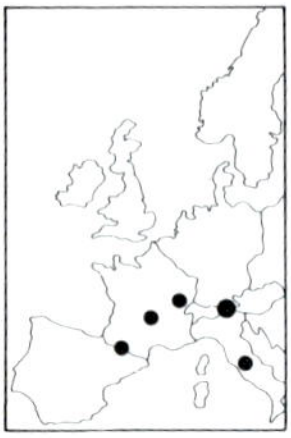

Tige feuillée portant de 5 à 12 grands capitules jaunes en forme de Pâquerettes. Feuilles de la base cordiformes, légèrement dentées, pétiolées. Feuilles caulinaires ovales, pointues et embrassantes.

Plante vivace, formant souvent des tapis étendus. Tiges et feuilles pubescentes. Capitules composés d'un disque central de fleurons tubuleux, bordé de fleurs ligulées. Graine coiffée d'une aigrette de poils.

Bords des cours d'eau, lieux ombragés, prés et bois, jusqu'à 2 000 m d'altitude, dans les Pyrénées, les montagnes françaises, les Alpes et les Apennins.

Arnica ; autres Doronics, comme le Doronic pardalianche : de 2 à 6 fleurs par tige, feuilles caulinaires inférieures pétiolées ; Œil de bœuf : feuilles étroites, non dentées, alternes ; Séneçon doronic : feuilles alternes, ovales, blanches au dos.

Juillet - août

ARNICA ▲ ◢

Arnica montana

Petit-moyen ; capitule : 5-8 cm.

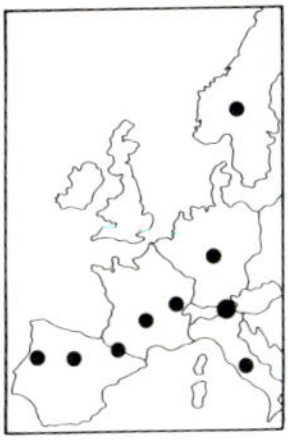

Grands capitules jaunes solitaires en forme de Pâquerettes, au sommet d'une tige dressée portant généralement une paire de feuilles opposées sessiles. Feuilles basales ovales, non dentées, pointues, presque sessiles, en rosette. Aromatique.

Plante vivace. Tige et feuilles pubescentes. Capitules composés de fleurons tubuleux entourés de longues fleurs ligulées. Graines coiffées d'une aigrette de petits poils.

Dans les prés et bois clairs de montagne, sur les sols légèrement acides ou neutres, jusqu'à 2 800 m dans toute l'aire de répartition, sauf en Grande-Bretagne et dans le nord de la Scandinavie.

Doronic d'Autriche ; autres membres du genre *Doronicum* : grappes florales ramifiées, feuilles de forme différente. Œil de bœuf : feuilles étroites, alternes, tige ramifiée vers le sommet. Séneçon doronic : feuilles alternes, blanches au dos.

Mai - août

SABOT DE VÉNUS

Petit-moyen ; 6-9 cm. *Cypripedium calceolus*

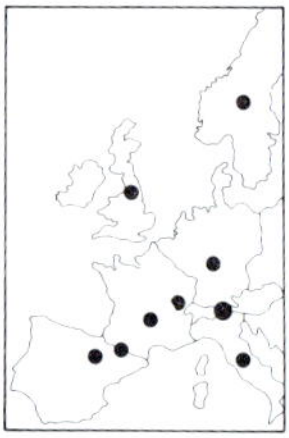

Cette magnifique Orchidée se fait de plus en plus rare. Les fleurs ont un grand labelle jaune ventru, entouré de 4 pétales et sépales étalés brun-violet.

Plante vivace. Feuilles ovales pointues, vert pâle, ornées de plis profonds et embrassant la tige. Tiges et feuilles pubescentes. Labelle jaune tacheté de rouge à l'intérieur. Plante rigoureusement protégée.

Bois et versants herbeux, sur les sols calcaires, jusqu'à 2 000 m. Nord de l'Angleterre (une colonie), toute l'Europe continentale sauf la Belgique, les Pays-Bas et l'extrême nord.

Aucune espèce similaire.

Mai - juillet

TROLLE D'EUROPE

Trollius europaeus Petit-moyen ; 3-5 cm.

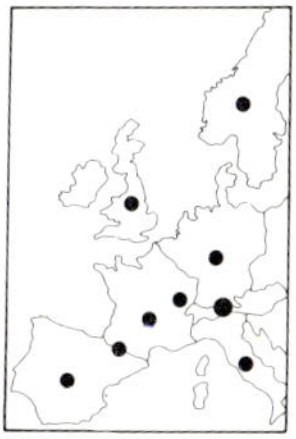

Grandes fleurs globuleuses jaune citron, avec jusqu'à 12 « pétales » (sépales en réalité), recourbés vers le centre au sommet, et entourant un cœur de petits pétales modifiés et de nombreuses étamines. Feuilles palmées en 3 à 5 lobes dentés.

Plante vivace. Tiges et feuilles glabres. Toxique. Feuilles inférieures longuement pétiolées, feuilles caulinaires sessiles. Le fruit est composé de plusieurs petits follicules.

Endroits humides, prairies, marais, bois et escarpements, jusqu'à 2 800 m d'altitude, dans toute l'aire de répartition. Également cultivé dans les jardins.

Aucune espèce similaire. Les fleurs globuleuses composées de nombreux pétales sont caractéristiques.

Mai - août

▲ ▲ DIGITALE À GRANDES FLEURS

Moyenne-grande ; 4-5 cm. *Digitalis grandiflora*

Fleurs jaune pâle campanulées en long épi, ressemblant beaucoup à celles de la Digitale pourpre. L'intérieur de la corolle est finement ponctué de violet. Feuilles dentées, lancéolées, vert luisant dessus, gris pubescent dessous.

Bisannuelle ou vivace à faible longévité. Corolle recourbée vers l'arrière et légèrement festonnée. Feuilles sessiles, alternes au sommet de la tige. Fruit : capsule conique à nombreuses graines. Toute la plante est toxique.

Bois, broussailles, lieux pierreux et rocheux, jusqu'à 2 000 m d'altitude, dans les Pyrénées, les montagnes françaises, les Alpes, le centre et le sud de l'Allemagne et de la Belgique.

Digitale jaune (Pyrénées, ouest des Alpes, Apennins) : plante plus petite, feuilles plus étroites, fleurs moins longues (jusqu'à 2,5 cm), jaune pâle ou crème, composant des épis denses, également toxique ; **Aconit tue-loup**.

Juin - août

GENTIANE JAUNE

Gentiana lutea Moyenne-grande ; 2-2,5 cm.

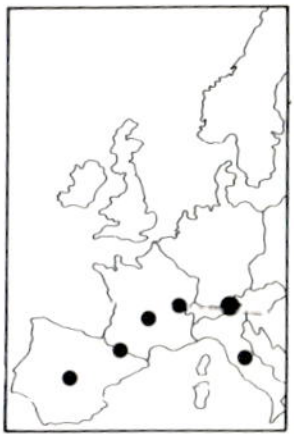

Verticilles de fleurs étoilées jaune d'or, dans la partie supérieure d'une tige dressée non ramifiée. Feuilles bleu-vert, grandes, ovales à lancéolées, à nervures marquées. Feuilles supérieures par paire engainant la tige sous les fleurs.

Cette plante majestueuse est caractéristique des pâturages de moyenne altitude. Le bitter de gentiane, utilisé comme tonique en médecine populaire, est extrait de la racine. Fruits : capsules s'ouvrant en deux à maturité.

Pâturages de montagne jusqu'à 2 500 m d'altitude, dans les Pyrénées, le centre de la France, les Alpes, les Apennins et le sud de l'Allemagne.

Aucune espèce similaire lorsqu'elle est en fleurs. Risques d'empoisonnement si on confond ses racines avec celles du **Varaire**, plante toxique qui lui ressemble lorsqu'elle n'est pas en fleurs.

Juin - août

GENTIANE PONCTUÉE

Petite-moyenne ; 1,5-3,5 cm. *Gentiana punctata*

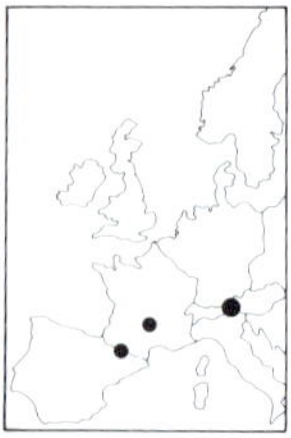

Fleurs jaune pâle dressées, tachetées de pourpre, en forme de clochette, regroupées à l'aisselle des feuilles caulinaires supérieures. Calice vert, denté, non fendu sur un côté.

Plante vivace robuste. Tiges épaisses dressées, non ramifiées. Feuilles gris-vert, lancéolées à ovales-pointues, striées; feuilles supérieures embrassant la tige. Fruit : capsule contenant de nombreuses graines, et s'ouvrant en deux à maturité.

Prairies et bois clairs, jusqu'à 3 000 m d'altitude dans les Pyrénées, le centre de la France, les Alpes et le sud de l'Allemagne.

Gentiane pourprée : fleurs rouge-violet, parfois jaune pâle à l'intérieur, calice tubuleux, fendu sur un côté, consistance membraneuse.

Juillet - septembre

MILLEPERTUIS DE RICHER

Hypericum richeri Petit-moyen ; 2-2,5 cm.

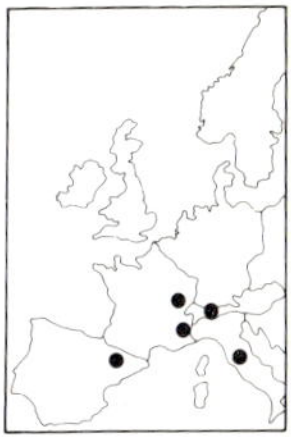

Fleurs jaune vif, à 5 pétales et cœur d'étamines dorées, formant un bouquet plat à l'extrémité d'une tige feuillée dressée. Pétales recouverts de petits points noirs. Feuilles opposées, ovales à triangulaires.

Plante vivace formant parfois de grands tapis. Feuilles bordées au dos d'une rangée de minuscules points noirs. En transparence, on aperçoit les nervures. Le fruit est une petite capsule.

Prairies, éboulis et bois. Préfère le calcaire. Jusqu'à 2 500 m d'altitude dans le Jura, le sud-ouest et le centre des Alpes, et dans les Apennins.

Nombreux Millepertuis dans les montagnes d'Europe, tels *H. maculatum* : fleurs en grappes lâches ramifiées ; points et stries noirs uniquement au centre des pétales ; M. de montagne : pas de points noirs sur les fleurs ; Millepertuis : feuilles marquées de points visibles à la lumière, pétales bordés de points noirs.

Juin - septembre

PÉDICULAIRE TUBÉREUSE

Petite ; 1,5-2 cm. *Pedicularis tuberosa*

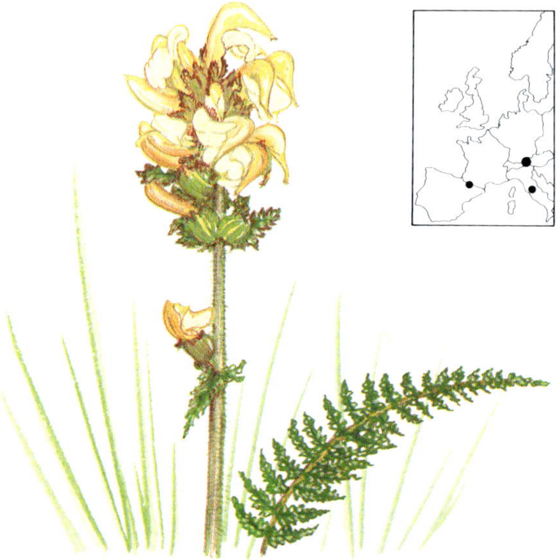

Épi compact de fleurs jaune pâle bilabiées. Lèvre supérieure terminée par un long bec, caractéristique de cette Pédiculaire. Feuilles alternes, pennées, chaque foliole étant aussi pennée. Tiges, feuilles et calices pubescents.

Plante vivace, semi-parasite des graminées. Épis floraux parsemés de bractées ressemblant à des feuilles. Lèvre inférieure des fleurs divisée en 3 lobes. Calice tubuleux à 5 dents. Le fruit est une capsule.

Prairies, bois, éboulis, sur les roches acides, entre 1 200 et 2 900 m d'altitude dans les Pyrénées, les Alpes et les Apennins.

Plusieurs autres Pédiculaires à fleurs jaunes poussent en montagne. Petit rhinanthe : petites fleurs jaunes casquées dont la lèvre inférieure est trilobée, calice rond, aplati, à 4 dents, feuilles lancéolées, dentées, opposées. **Pédiculaire verticillée** : fleurs rouge-violet.

Juin - août

TOFIELDIE CALICULÉE

Tofieldia calyculata Petite ; 4-7 mm.

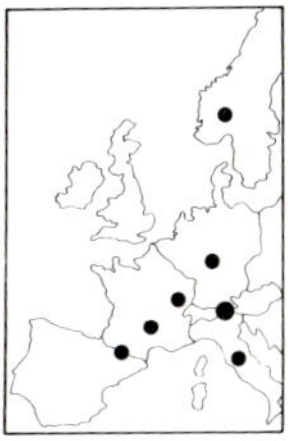

Petites fleurs jaunes (plus rarement rougeâtres) à 6 lobes et cœur vert avec 6 étamines jaunes irradiant du centre, en épi compact au sommet d'une hampe florale non ramifiée. Étroites feuilles en fer de lance et en petits éventails.

Plante vivace pouvant atteindre 35 cm de haut. Les feuilles basales vert pâle ont au moins 5 nervures. Plusieurs feuilles linéaires embrassent la tige. Le fruit est une petite capsule ronde.

Marais, prairies humides, rochers humides, jusqu'à 2 500 m, en général sur les sols calcaires. Sud de la Scandinavie, Alpes, montagnes françaises et allemandes, Apennins et Pyrénées.

Tofieldie boréale : petite, atteignant rarement plus de 12 cm de haut, feuilles portant généralement 3 nervures. Écosse et nord de l'Angleterre, Scandinavie et Alpes.

Juin - septembre

ANTHYLLIDE VULNÉRAIRE

Basse-moyenne ; 1,5 cm. *Anthyllis vulneraria*

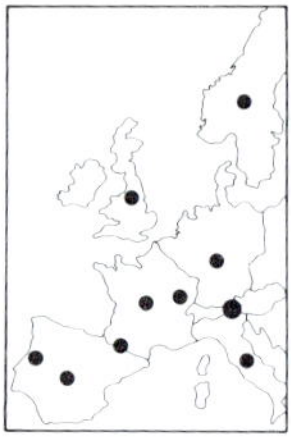

Fleurs jaunes (parfois rougeâtres), à corolle papilionacée, regroupées en capitules globuleux. Sépales recouverts de poils blancs soyeux et denses. Feuilles pennées divisées en 5 à 15 folioles, la terminale étant nettement plus grande.

Plante bisannuelle ou vivace, très variable, avec de nombreuses sous-espèces connues se distinguant notamment par le nombre de folioles. Bractée foliacée à la base de chaque fleur. Le fruit est une silique cylindrique.

Très répandue en montagne et sur la côte, dans les prairies sèches et les endroits pierreux calcaires. Jusqu'à 3 000 m dans toute l'aire de répartition avec différentes variétés selon le lieu.

Lotier corniculé et Lotier alpin : sépales glabres, folioles rondes à ovales, par 3, pas de bractée à la base des fleurs. Anthyllide : fleurs violettes à poils blancs, tiges ligneuses.

Mai - août

POTENTILLE TORMENTILLE

Potentilla erecta

Basse ; 7-11 mm.

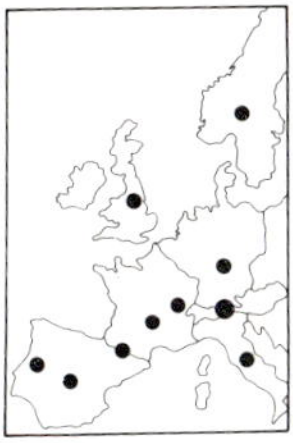

Petites fleurs jaunes à 4 pétales échancrés émergant en petites grappes lâches d'une tige rampante feuillée. Feuilles palmées, divisées en 3 (parfois 4 ou 5) folioles dentées, argentées au dos.

Plante vivace. Les tiges rampantes forment un tapis étendu mais ne s'enracinent pas au niveau des nœuds. Sépales visibles entre les pétales. Le fruit est un groupe d'akènes à une graine.

Partout dans son aire de répartition dans les lieux herbeux, les bruyères, les landes, les terres cultivées, mais pas sur les sols très calcaires. Dans les plaines et en montagne jusqu'à 2 500 m.

Nombreuses Potentilles en montagne, telle la Potentille dorée : petite plante touffue, fleurs jaune d'or (jusqu'à 2,5 cm), 5 larges pétales échancrés, feuilles palmées ; Potentille à grandes fleurs (Pyrénées, Cévennes, Alpes) : plus grande, fleurs à 5 pétales (jusqu'à 3 cm), feuilles à 3 folioles. **Hélianthème alpestre. Benoîte rampante**.

Mai - septembre

▲▲ HÉLIANTHÈME ALPESTRE

Petit ; 9-12 mm. *Helianthemum oelandicum alpestre*

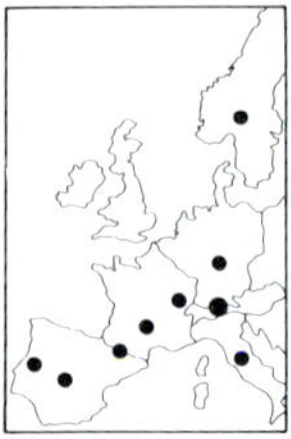

Fleurs jaunes à 5 pétales aux bords légèrement festonnés formant de petites grappes à l'extrémité de tiges ligneuses. Feuilles petites, oblongues, non dentées, opposées, vertes sur les deux faces, pubescentes.

Buisson nain. Les 5 pétales festonnés entourant une masse centrale d'étamines dorées sont caractéristiques de tous les Hélianthèmes. Fruit : capsule ovoïde, s'ouvrant longitudinalement à maturité.

Prairies sèches et endroits pierreux. Préfère les sols calcaires. Entre 1 600 et 2 900 m d'altitude, partout dans l'aire de répartition, sauf en Grande-Bretagne.

Hélianthème vulgaire : rampant, fleurs plus grandes (jusqu'à 2 cm), jaunes, orange ou blanches, feuilles blanches au dos, jusqu'à 2 800 m, préfère les sols calcaires, sur toute l'aire de répartition ; d'autres Hélianthèmes sont présents en montagne. **Potentille tormentille** ; Potentilles.

Mai - septembre

PENSÉE DES VOSGES ◢ ▲

Viola lutea

Basse-petite ; 1,5-3 cm.

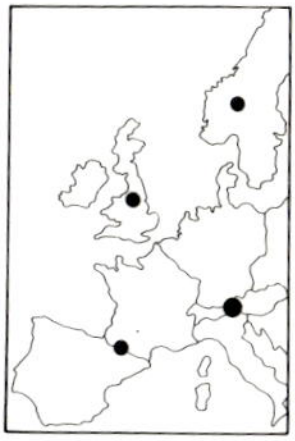

Grandes fleurs jaunes (parfois violettes ou bicolores) comme celles des Pensées, avec un court éperon (de 3 à 6 mm) à la base. Hampes florales surgissant d'une touffe de feuilles à longs pétioles, ovales à lancéolées, lobées ou à dents émoussées.

Plante vivace. Tiges rampantes frêles. Stipules pennées à la base des feuilles. Fleurs ornées de stries irradiant du centre. Fruit : capsule lisse à nombreuses graines, s'ouvrant en trois à la base à maturité.

Prairies et lieux rocheux dans les collines et montagnes, sur les rochers acides, jusqu'à 2 000 m dans les Pyrénées, les Alpes et le nord de l'Europe, y compris en Grande-Bretagne.

Pensée à long éperon ; Pensée sauvage : jusqu'à 2 000 m, mais fleurs plus petites, généralement bicolores, avec des pétales étroits ; Pensée de Bertoloni (Alpes, nord des Apennins) : fleurs jaunes ou violettes, à long éperon, stipules foliacées pennées.

Mai - juillet

▲▲ # ÉPERVIÈRE LAINEUSE

Petite-moyenne ; capitule : 2-3 cm. *Hieracium lanatum*

Feuilles, tige et bractées sous le capitule recouvertes de poils blancs laineux. Capitules jaune vif, par groupe de 2 à 8, en grappes lâches à longs pédoncules. Feuilles basales ovales à lancéolées, pétiolées, entières ou un peu dentées.

Plante vivace. Feuilles caulinaires non pétiolées. Capitules entièrement composés de fleurs ligulées, comme celles du Pissenlit. Graines coiffées d'une aigrette de poils bruns cassants.

Prairies sèches et endroits rocheux, jusqu'à 2 100 m d'altitude dans les Alpes occidentales et le centre des Apennins.

Épervière des Alpes : fleurs solitaires, feuilles très pubescentes ; Épervière humble : basse, couverte de poils raides, de 4 à 12 capitules en grappes lâches ; Piloselle : basse, feuilles ovales, non dentées, avec des poils blancs, fleurs jaune citron, solitaires.

Mai - juillet

BENOÎTE RAMPANTE ▲

Geum reptans　　Basse-petite ; 2,5-4 cm.

Fleurs solitaires jaune vif, généralement à 6 pétales larges, cœur d'étamines dorées coiffant des tiges dressées rougeâtres, pubescentes, portées par des stolons feuillés. Feuilles basales en rosette pennées, folioles dentées.

Plante vivace, se développant au moyen de stolons. Feuilles et tiges pubescentes. Fruit : groupe d'akènes possédant chacun un style plumeux persistant.

Rochers, éboulis et cailloux, le plus souvent sur les sols siliceux, entre 1 500 et 2 800 m d'altitude dans les Alpes.

Benoîte des montagnes (Pyrénées, Alpes, Apennins) : fleurs identiques, pas de stolons, grande foliole terminale. *Geum pyrenaicum* : identique, grande foliole terminale arrondie ; **Potentille tormentille**, Hélianthèmes ; petites fleurs, 4 ou 5 pétales, feuilles différentes.

Juillet - août

▲ SAXIFRAGE FAUX-AÏZOON

Basse-petite ; 5-10 mm. *Saxifraga aizoides*

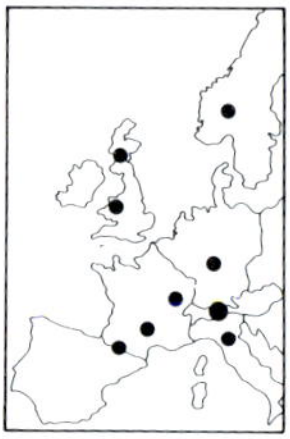

Fleurs orange ou jaune vif, souvent ponctuées de rouge, avec 5 pétales libres entre lesquels les sépales verts sont bien visibles ; 10 étamines, ovaire central saillant. Feuilles charnues, étroites, pointues, légèrement dentées.

Plante vivace, formant des touffes lâches enchevêtrées. Fleurs portées en grappes lâches au sommet d'une tige dressée. Feuilles et tiges légèrement pubescentes. Fruit : capsule à 2 loges renfermant de nombreuses graines.

Rochers et graviers humides, bords des cours d'eau, jusqu'à 3 150 m d'altitude dans toute l'aire de répartition, sauf dans le sud des Apennins.

Saxifrage musquée ; Orpins : feuilles charnues cylindriques.

Juin - septembre

SAXIFRAGE MUSQUÉE ▲

Saxifraga moschata Basse ; 5-8 cm.

Petites fleurs jaune terne ou crème à 5 pétales libres entre lesquels apparaissent nettement les sépales verts, 10 étamines, ovaire saillant au centre. Petites feuilles en forme d'éventail, divisées en 3 à 5 lobes.

Plante vivace, formant des coussinets denses de rosettes de feuilles d'où émergent les hampes florales rougeâtres portant des fleurs solitaires ou réunies en grappes lâches comptant jusqu'à 7 unités. Fruit : capsule à 2 loges avec de nombreuses graines.

Sur les falaises, dans les endroits rocheux et pierreux, de 1 200 à 4 000 m dans les Pyrénées, les montagnes françaises, le sud de l'Allemagne, les Alpes, le nord et le centre des Apennins.

Saxifrage faux-aïzoon ; Saxifrage paniculée ; Saxifrage sillonnée (Alpes, Jura, Apennins) : très ressemblante, mais pétales blancs et plus grands, feuilles striées.

Juillet - août

▲ DRAVE AÏZOON

Basse ; 4-6 mm. *Draba aizoides*

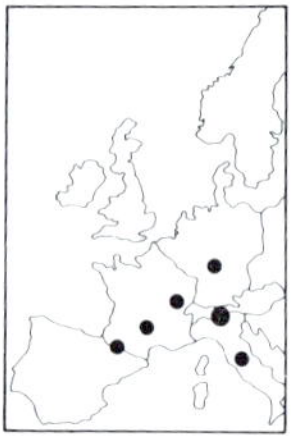

Petites fleurs jaune vif comptant 4 pétales libres à bord émoussé, disposées en grappes compactes au sommet d'une tige dressée sans feuille émergeant d'une petite rosette de feuilles étroites, bordées de poils raides.

Plante vivace poussant en petites touffes. Tiges, sépales et surfaces des feuilles glabres. Fleurs suivies de siliques aplaties rondes à ovales, prolongées par un petit bec.

Sur les rochers et dans les endroits pierreux, le plus souvent sur les sols calcaires, jusqu'à 3 600 m d'altitude dans toute l'aire de répartition, sauf en Scandinavie.

D'autres Draves poussent en montagne ; Alysson des montagnes : fleurs plus petites, pétales échancrés, feuilles spatulées, blanchâtres, fruit rond, renflé, avec un long bec ; Vésicaire : tiges feuillées, pétales à extrémité arrondie.

Avril - juillet

Autres espèces communes

1

2

3

Liondent des montagnes (1). Moins de 10 cm de haut. Les tiges coupées exsudent un latex. Lieux rocailleux, jusqu'à 2 900 m. Pyr., Alpes. Juil.-août.

Fer-à-cheval (2) Têtes de 5 à 12 fleurs papilionacées. Silique vrillée formée de segments en fer à cheval. Endroits herbeux, jusqu'à 2 800 m, partout sauf en Scand. Avril-juil.

Oxytropide champêtre (3) Bouquets ronds de fleurs jaune pâle, de 10 à 15 paires de petites folioles soyeuses et pubescentes par feuille. Endroits herbeux, rochers, jusqu'à 3 000 m, partout. Juil.-sept.

Doronic à grandes fleurs (4) Plante basse. Capitules solitaires. Feuilles ovales, dentées. Rochers, de 1 300 à 2 900 m, Pyr., Cév., Alpes. Juil.-août.

Campanule thyrsoïde (5) Épi cylindrique de fleurs campanulées jaune pâle érigées. Prairies, lieux pierreux, jusqu'à 2 700 m, Jura, Alpes. Juil.-sept.

4

5

Autres espèces communes

1

2

3

4

5

Pavot orangé (1) Fleurs jaune d'or, jusqu'à 5 cm. Feuilles hérissées de poils, folioles non opposées. Rochers, jusqu'à 3 500 m, Pyr., sud-ouest des Alpes. Juil.-août.

Raiponce en épi (2) Grande. Épi floral atteignant 6 cm de long, jaune pâle ou blanchâtre. Prairies, bois, jusqu'à 2 000 m, Pyr., Alpes, GB, Scand. Juin-août.

Primevère élevée (3) Fleurs retombantes jaune pâle non odorantes. Bois, prairies, jusqu'à 2 700 m, partout. Mars-août.

Pigamon simple (4) Grand. Fleurs jaune pâle entièrement composées d'étamines. Feuilles très divisées. Prés. Jusqu'à 2 000 m, partout sauf en GB. Juil.-août.

Violette à deux fleurs (5) Plante fragile. Fleurs par paires. Feuilles cordiformes vert pâle. À l'ombre, jusqu'à 3 000 m, partout sauf en GB. Mai-août.

Autres espèces communes

1

2

3

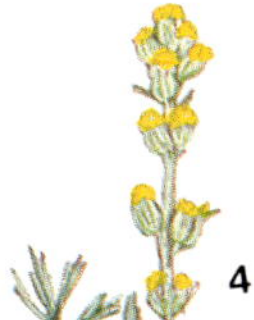

4

5

Orpin rose (1) Feuilles épaisses grisâtres à pointes rouges. Petites fleurs à 4 pétales en grappes compactes. Rochers, jusqu'à 3 000 m, partout. Mai-août.

Saxifrage changée (2) Feuilles rubanées vert foncé brillant, en rosettes lâches. Lieux humides, calcaires, jusqu'à 2 200 m, Alpes. Juin-août.

Tulipe sauvage (3) Fleurs en forme de coupe avec pétales périphériques souvent incurvés vers l'extérieur. Lieux herbeux. 2 000 m, Pyr., Alpes, Apen. Avril-juil.

Génépi mutellin (4) Aromatique, argenté, en monticules bas. Feuilles finement découpées. Roche acide, jusqu'à 3 700 m. Pyr., Alpes. Juil.-sept.

Lunetière (5) Siliques aplaties à deux lobes arrondis. Fleurs à 4 pétales. Sur le calcaire, jusqu'à 2 600 m, Pyr., Alpes. Mai-août.

HELLÉBORE VERT

Petit-moyen ; 4-5 cm. *Helleborus viridis*

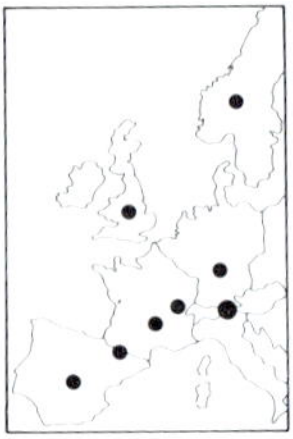

Fleurs jaune-vert globuleuses pendantes, constituées de 5 grands sépales verts et d'une masse d'étamines au centre. En petites grappes coiffant une tige dressée épaisse. Feuilles vert terne, palmées : de 7 à 13 folioles étroites et dentées.

Plante vivace portant généralement 2 feuilles pétiolées basales et un éventail de feuilles caulinaires à la base des pédoncules, les feuilles se développant au-dessus des fleurs. Toxique. Fruit : groupe de 3 follicules munis d'un bec.

Lieux calcaires humides, bois, broussailles et rocaille, jusqu'à 1 600 m d'altitude. De l'Angleterre aux Alpes et dans les Pyrénées.

Hellébore fétide : fleurs vertes en cloche, pendantes, bordées de rouge. Également dans les Apennins.

Février - avril

GRANDE LISTÈRE

Listera ovata Moyenne ; labelle : 8-15 mm.

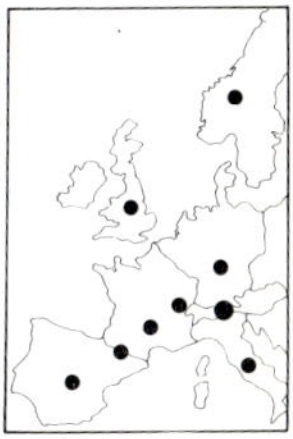

Fleurs jaune-vert de forme originale avec un long labelle fourchu, un long épi mince sur une tige dressée pubescente. Une seule paire de feuilles, ovales, vert terne, striées, embrasse la partie inférieure de la tige.

Plante vivace de la famille des Orchidées. Assez répandue mais difficile à repérer. Fruit : capsule à 3 loges contenant de nombreuses graines.

Bois, broussailles, talus, marais, souvent sur sol calcaire, jusqu'à 2 100 m d'altitude, dans toute l'Europe.

Listère en cœur : petite, seulement 5 cm de haut ; Orchis homme-pendu : labelle lobé et fourchu rappelant un corps humain, le reste de la fleur formant la tête. Orchis grenouille : bas à petit, labelle trilobé à pointes rouges ou violettes. Autres Orchidées vertes.

Mai - juillet

◢▲ **ALCHÉMILLE DES ALPES**

Basse-petite ; 3 mm. *Alchemilla alpina*

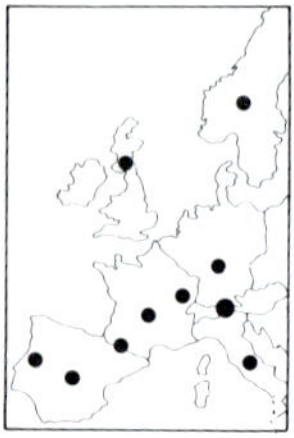

Petites fleurs jaune verdâtre en grappes compactes. Feuilles basales longuement pétiolées, palmées avec de 5 à 7 folioles lancéolées étroites recouvertes de poils argentés au dos. Hampes florales de même longueur ou plus courtes que les feuilles.

Petite plante vivace rampante. Feuilles caulinaires peu nombreuses, trilobées. Folioles des feuilles basales ornées de dents profondes à l'extrémité. Le fruit est un petit akène.

Pâturages, endroits pierreux et rocheux, généralement sur sol acide, sur les collines et montagnes de toute l'Europe, jusqu'à 2 600 m d'altitude.

Les nombreuses Alchémilles de montagne sont difficiles à distinguer. Feuilles argentées divisées : *Alchemilla saxatilis*, à longs pédoncules et feuilles pintalobées, et *Alchemilla hoppeana* avec des folioles à extrémité arrondie, se rejoignant près du centre de la feuille.

Juin-août

KNAUTIE DES BOIS ◒ ▲

Knautia dipsacifolia Moyenne-grande ; capitule : 3-4 cm

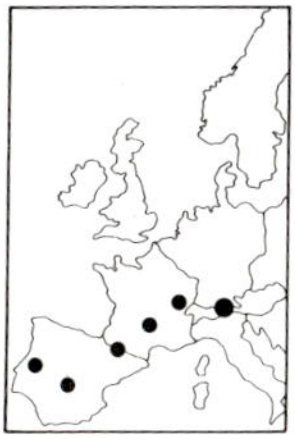

Capitules plats bleu-violet à rose-lilas, à nombreuses petites fleurs à 4 pétales, celles de la périphérie étant un peu plus grandes que celles du centre. Tiges violacées, feuilles vert luisant, opposées, ovales à allongées, grossièrement dentées.

Plante vivace à feuilles et tige pubescentes. Capitules entourés d'une collerette de 2 rangées de bractées presque aussi longues que les fleurs. Feuilles supérieures sessiles, feuilles inférieures pétiolées. Le fruit est un akène.

En montagne, dans les endroits ombragés tels que les bois, les broussailles et parmi la végétation herbacée haute, jusqu'à 2 000 m. Portugal, Pyrénées, Alpes et plus à l'est.

Scabieuse luisante ; Knautie des champs : feuilles inférieures pennées, jusqu'à 600 m seulement ; Scabieuse colombaire : plus petite, jusqu'à 900 m seulement, fleur bleu-violet, feuilles inférieures pennées, poils sombres à la base des fleurons externes.

Juin - septembre

ACONIT NAPEL

Grand ; 1-2 cm. *Aconitum napellus*

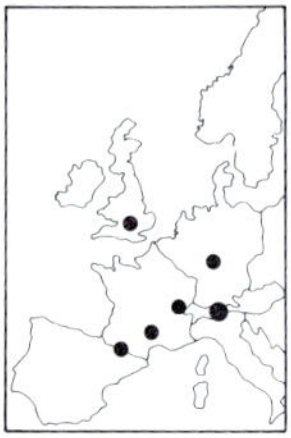

Fleurs casquées bleu-violet intense ; casque aussi haut que large typique de cette plante toxique. Fleurs disposées en un épi haut, compact, souvent ramifié. Feuilles palmées presque jusqu'à la nervure centrale, lobes étroits dentés.

Plante vivace, tige et feuilles glabres, mais fleurs pubescentes. Contient de l'aconitine, alcaloïde toxique. Le fruit est un follicule renfermant des graines ovales.

Lieux humides, bois, prairies, berges des ruisseaux et broussailles, en plaine et en montagne jusqu'à 2 500 m, du sud de la Grande-Bretagne (localement) jusqu'aux Alpes et aux Pyrénées.

Aconitum variegatum : fleurs bleues striées de blanc, ou blanches, en grappes ramifiées étalées, dans les Alpes et les Apennins ; Aconit vénéneux : fleurs jaunes, segments foliaires très étroits, également dans les Pyrénées ; **Aconit tue-loup**. Tous sont très toxiques.

Juillet - septembre

LAITUE DES ALPES

Cicerbita alpina Grande ; capitule : 2-2,5 cm.

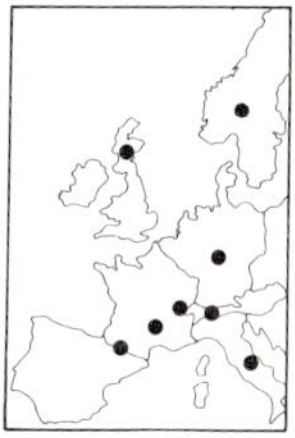

Longues grappes de capitules bleu-mauve, de type Pissenlit, coiffant de hautes tiges feuillées. Les tiges couvertes de poils rougeâtres exsudent un suc laiteux. Grandes feuilles inférieures pennées, avec un lobe terminal triangulaire, denté.

Plante vivace, haute et robuste, à tige épaisse. Feuilles lisses, bleu-vert au dos. Capitules uniquement composés de fleurs ligulées. Le fruit est un petit akène coiffé d'une aigrette de poils blancs.

Lieux humides en montagne, dans les prairies, les bois clairs, le bord des cours d'eau, parmi la végétation haute, jusqu'à 2 200 m. Écosse (rare), montagnes d'Europe, sauf le centre et le sud des Alpes.

Similaire, le Laiteron, originaire du Caucase, s'est acclimaté sur les terres en friche, le bord des routes en Europe occidentale ; capitules plus grands (jusqu'à 3,5 cm), feuilles hérissées de piquants, dernier lobe cordiforme ; d'autres espèces de Laitues à fleurs bleues poussent en montagne.

Juillet - septembre

CENTAURÉE DE MONTAGNE

Petite-grande ; capitule : 6-8 cm. *Centaurea montana*

Grands capitules bleus duveteux, plats dessus, typiques de cette plante de montagne bien connue. Longs fleurons bleus à l'extérieur (parfois violet-pourpre), corolle à 5 longs lobes pointus au moins. Petits fleurons internes pourpres.

Plante vivace robuste, à tige épaisse, de taille variable. Tiges et feuilles couvertes de poils cotonneux. La base des feuilles forme de larges ailes sur la tige. Feuilles grisâtres, oblongues ou lancéolées, non dentées. Fruit : akène avec aigrette.

Prairies sèches, lieux rocheux et pierreux de 1 000 à 2 100 m dans les Ardennes, les Apennins, les Pyrénées et les Alpes. Cultivée également dans les jardinets, occasionnelle ailleurs.

Bleuet des champs : annuelle aux longues tiges délicates, poussant comme mauvaise herbe dans les cultures et terres retournées, jusqu'à 1 800 m ; la **Centaurée alpestre** a des fleurs rouge-violet.

Mai - juillet

MUSCARI À TOUPET

Muscari comosum Petit-moyen ; 5-7 cm.

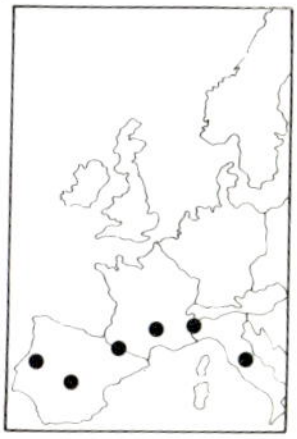

Plante originale étonnante avec une tige érigée portant deux types de fleurs : une touffe supérieure de petites fleurs tubuleuses stériles bleu-violet, sur de longs pédoncules ; des fleurs inférieures plus grandes, brunâtres et fertiles.

Plante bulbeuse vivace, à longues feuilles rubanées, canaliculées, émergeant de la base et traînant au sol. Fruit : capsule à 3 loges, s'ouvrant à la base à maturité.

Champs secs et endroits rocailleux, jusqu'à 1 300 m d'altitude, dans les Pyrénées, les Cévennes, l'ouest et le sud des Alpes, les Apennins ; naturalisé ailleurs.

Muscari neglectum : court épi de clochettes bleues odorantes à corolle étroite, dans les prairies sèches jusqu'à 1 600 m dans les Pyrénées, les Cévennes, les Alpes et les Apennins ; *Dipcadi serotinum* (Pyrénées seulement) : épi de fleurs brunes à corolle étroite, 3 « pétales » externes, étalés et recourbés.

Avril - juillet

CAMPANULE FLUETTE

Basse ; 1,5 cm. *Campanula cochlearifolia*

Petites fleurs campanulées pendantes, bleu-mauve sur des hampes florales fines. Fleurs solitaires ou en inflorescence lâche ramifiée. Feuilles caulinaires inférieures lancéolées, dentées ; feuilles basales rondes ou cordiformes, dentées.

Petite plante vivace délicate, souvent glabre, rampante et formant tapis. Fleurs parfois blanches. Boutons floraux retombants. Fruits : petites capsules s'ouvrant à la base à maturité pour libérer les graines.

Sur les rocailles humides, les talus caillouteux et les éboulis humides, jusqu'à 3 400 m d'altitude dans les Pyrénées, les montagnes françaises, les Alpes, le nord et le centre des Apennins.

Campanula jaubertiana (Pyrénées seulement) : petites fleurs bleues campanulées sur des tiges basses, rampantes, couvertes de poils denses ; *Campanula uniflora* (Scandinavie) ressemble à une petite Campanule. Les autres Campanules communes avec des fleurs similaires sont généralement beaucoup plus grandes. **C. de Scheuchzer**.

Juin - août

RAIPONCE ORBICULAIRE

Phyteuma orbiculare Petite-moyenne ; capitule : 1,5-2,5 cm.

Capitules globuleux de fleurs tubuleuses incurvées bleu-violet foncé, avec des styles saillants. Corolles renflées et divisées en 5 bandes. Bractées ovales sous les capitules, plus longues ou plus courtes que les fleurs.

Plante vivace, tige et feuilles glabres ou très légèrement pubescentes, hampe florale émergeant d'une rosette de feuilles pétiolées, lancéolées à cordiformes, dentées. Feuilles caulinaires étroites, sessiles. Fruit : capsule ronde.

La plus commune des Raiponces orbiculaires, dans les prairies sèches, sur les sols rocailleux et calcaires. Du sud-est de l'Angleterre (localement) aux Pyrénées, dans les Alpes et les Apennins. Jusqu'à 2 600 m.

Jasione des montagnes ; Succise des prés ; Raiponce hémisphérique : bractées florales plus larges, feuilles étroites, lancéolées à linéaires ; plusieurs Raiponces orbiculaires poussent en montagne ; certaines sont très basses, telle la Raiponce à feuilles de globulaire, qu'on trouve parmi les rochers et les éboulis.

Mai - octobre

▲◢ RAIPONCE À FEUILLES DE BÉTOINE

Petite-moyenne ; capitule : jusqu'à 4 cm. *Phyteuma betonicifolium*

Fleurs tubuleuses bleu pâle à violettes, fendues à la base ; longs styles saillants. Capitule cylindrique compact. Feuilles caulinaires alternes, linéaires, dentées. Feuilles basales pétiolées, lancéolées, bords droits à la base.

Plante vivace. Capitule d'abord ovoïde, puis s'allongeant lorsque les fleurs s'ouvrent. Petites bractées étroites, plus courtes que les fleurs, insérées dans l'épi. Le fruit est une capsule ronde à plusieurs pores.

Endroits herbeux et bois clairs, jusqu'à 2 600 m d'altitude, dans les Alpes et les Apennins.

Espèces très similaires dans les Pyrénées ; Raiponce noire : plus grande (jusqu'à 1 m), avec des capitules plus grands (jusqu'à 6 cm de long), violet très foncé, jusqu'à 1 200 m en Belgique, dans le nord de la France, de l'Allemagne, et dans les Alpes ; **Raiponce en épi** : jaunâtre, rarement bleue.

Mai - août

CROCUS PRINTANIER ▲ ◢

Crocus vernus

Bas ; 3-5,5 cm.

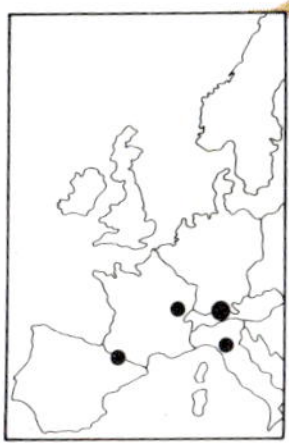

Crocus printanier commun dans les montagnes d'Europe centrale et méridionale. Fleurs solitaires, violet-pourpre, blanches ou blanches striées de pourpre à la base, en forme de coupe ; 3 étamines dorées et style orange plus long.

La fleur tubuleuse jaillit directement d'un bulbe ; fourreau blanc à la base de la fleur. Les feuilles vertes étroites avec une raie blanche centrale ne sont pas totalement sorties à la floraison. Fruit : capsule émergeant audessus du sol.

Lieux herbeux et bois clairs humides ; fleurit souvent dans la neige ou autour de la neige fondue, jusqu'à 2 700 m en Espagne, au Portugal, dans les Pyrénées, le Jura, le nord des Apennins.

Crocus blanc : blanc ou rayé de violet, style plus court que les étamines, printemps ; *Crocus versicolor* : blanc ou mauve pâle, 3 « pétales » externes, stries mauves, printemps, Alpes-Maritimes, Provence et Dauphiné ; *Crocus nudiflorus* : longues tiges blanches, fleurs en automne avant les feuilles. **Colchique de printemps**.

Février - juin

ANCOLIE DES ALPES

Petite-grande ; 5-8 cm. *Aquilegia alpina*

Les fleurs bleu vif, voyantes, nettement plus grandes que celles de l'Ancolie commune, caractérisent cette plante de montagne rare. L'éperon à la base de chaque fleur est long, droit ou incurvé, mais pas crochu.

Plante vivace, toxique. Feuilles et tige pubescentes. Grandes feuilles basales divisées en 2 ou 3 segments triangulaires, chacun étant lobé et denté. Le fruit est un follicule renfermant des graines oblongues.

Prairies, bois et endroits rocheux, jusqu'à 2 600 m d'altitude, dans les Alpes (surtout occidentales) et les Apennins.

Ancolie commune : fleurs bleu-violet plus petites (de 3 à 5 cm), éperon crochu, jusqu'à 2 000 m, toute l'Europe ; Ancolie noire : fleurs mauve-violet foncé, éperon crochu, étamines sortant largement de la corolle, Alpes et Apennins.

Juillet - août

CAMPANULE DE SCHEUCHZER

Campanula scheuchzeri Petite-moyenne ; 2-3 cm.

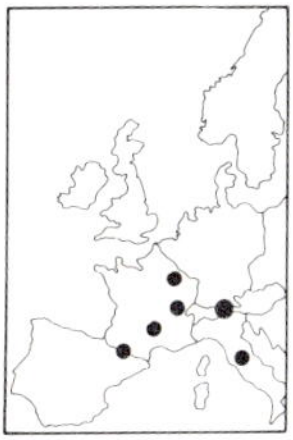

Fleurs campanulées solitaires (plus rarement par 2 à 5), bleu-violet, dressées ou un peu pendantes, sur des tiges érigées. Feuilles caulinaires sessiles, linéaires à lancéolées. Feuilles basales rondes, finement dentées, à longs pétioles, absentes à la floraison.

Plante vivace, tiges et feuilles glabres, se développant grâce à des stolons. Boutons floraux retombants. Les variétés à fleurs blanches sont plus rares. Fruit : petite capsule s'ouvrant à la base à maturité.

Lieux herbeux, pierreux et rocailleux ; c'est la Campanule commune des Pyrénées, des Vosges, du Jura, des Alpes et des Apennins, jusqu'à 3 400 m.

C. à feuilles arrondies : commune en plaine et montagne jusqu'à 2 200 m, très ressemblante mais plus délicate, fleurs pendantes, en grappes lâches, boutons dressés ; *C. rhomboidalis* (Pyrénées, Alpes, Jura) : feuilles caulinaires ovales, dentées ; **C. fluette ; C. thyrsoïde ; C. barbue**.

Juillet - septembre

CAMPANULE BARBUE

Petite ; 1,5-3 cm. *Campanula barbata*

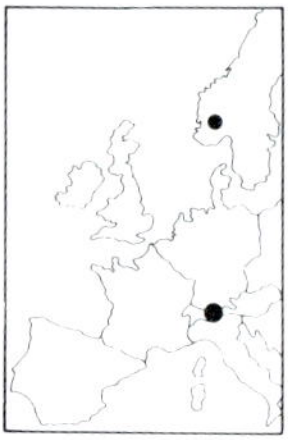

Inflorescences unilatérales de grandes fleurs campanulées pendantes, bleu pâle, sur des tiges dressées, pubescentes, avec quelques rares feuilles. Longs poils blancs dans la corolle. Feuilles basales lancéolées, hérissées de poils, non dentées.

Plante vivace. Hampes florales émergeant de rosettes de feuilles. Plante plus robuste que la majorité des Campanules de montagne. Feuilles caulinaires petites et étroites. Les fleurs varient du blanc au bleu moyen.

Prairies et bois clairs, de préférence sur les sols acides, jusqu'à 3 000 m dans les Alpes et le sud de la Norvège (rare).

Les fleurs « barbues » sont uniques, mais voir **Campanule de Scheuchzer ; Campanule fausse-raiponce**.

Juin - août

PANICAUT DES ALPES

Eryngium alpinum Moyen-grand ; capitule : 3-5 cm.

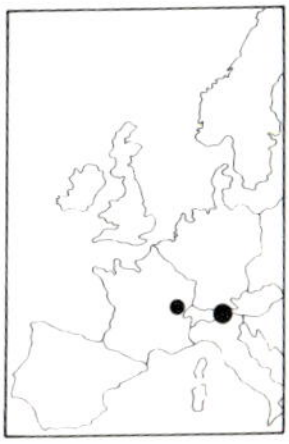

Capitule compact, ovoïde, composé de petites fleurs bleues et entouré d'une colerette argentée de bractées duveteuses, épineuses, violettes à l'extrémité. Tiges et feuilles vert bleuâtre, glabres.

Plante vivace, dressée et éclatante pendant la floraison. Feuilles basales ovales, lisses, à dents épineuses. Feuilles caulinaires rares, épineuses et pennées, avec des divisions profondes.

Prairies ; préfère le calcaire ; jusqu'à 2 500 m dans le Jura et les Alpes ; peu répandu aujourd'hui : il a disparu de nombreuses régions, victime de cueillettes abusives.

Autres Panicauts dans les Pyrénées et le sud-ouest des Alpes ; plusieurs autres espèces poussent dans les habitats secs tels que dunes et prairies de plaines, mais elles ne peuvent être confondues avec le Panicaut des Alpes.

Juillet - septembre

GENTIANES

Basses ; 4-6 cm. *Gentiana sp.*

Emblème des Alpes. Les grandes trompettes profondes et solitaires, bleues, sont typiques et ressortent bien sur le fond herbeux. Les plus courantes sont la **Gentiane coriace** (*Gentiana clusii*) (illustration principale) et la **Gentiane acaule** (*Gentiana acaulis*) (**1**).

G. coriace : fleurs bleu moyen à foncé, avec parfois des points verts dans la gorge. G. acaule : très nombreux points verts dans la gorge, fleurs variant du bleu intense vif au violet-rose et (plus rarement) au blanc.

Toutes deux dans les pâturages de haute montagne des Alpes et le nord des Apennins, jusqu'à environ 3 000 m ; G. coriace : sur le calcaire ; G. acaule : également dans les Pyrénées, sur les rochers acides.

Plusieurs Gentianes poussent dans les montagnes d'Europe, telle *G. occidentalis* (Pyrénées seulement) : gorge ponctuée de vert, lobes des pétales longs et pointus ; Gentiane alpine (Pyrénées, ouest des Alpes) : presque sans tige, fleurs atteignant 4 cm de long, gorge ponctuée de vert.

Avril - août ; *Gentiana acaulis* : mai - août

GENTIANE DE BAVIÈRE

Gentiana bavarica Basse ; 1,5-2 cm.

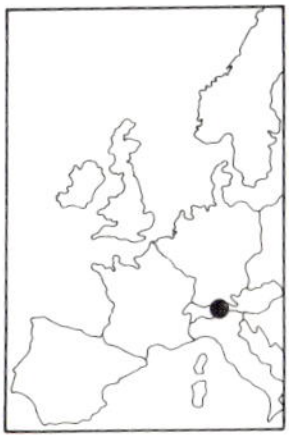

Fleurs solitaires bleu clair vif, plus rarement blanches, avec une corolle tubuleuse à 5 lobes étalés, oblongs, émoussés. Petites feuilles jaune-vert par paires se chevauchant le long de la tige. Fruit : capsule s'ouvrant en deux à maturité.

Plante vivace, formant souvent des bouquets bas. La **Gentiane printanière** (*Gentiana verna*) (**1**) a des feuilles vert luisant réunies en rosette à la base, et une ou deux paires de feuilles caulinaires. Fleurs variant du bleu pâle au bleu-violet, plus rarement blanches.

La Gentiane de Bavière pousse dans les prés humides et les lieux marécageux, entre 1 800 et 3 600 m ; Alpes. La Gentiane printanière vit aussi dans les Pyrénées et le nord des Apennins.

Gentiane à feuilles courtes : fleurs identiques et petites feuilles rondes coriaces, bleu-vert, formant une rosette basale ; Gentiane à calice renflé : calice renflé, avec de larges ailettes. **Gentiane des neiges**.

Juillet - septembre ; *Gentiana verna* : mars - août

GENTIANE DES CHAMPS

Petite : 1,5-2,5 cm. *Gentianella campestris*

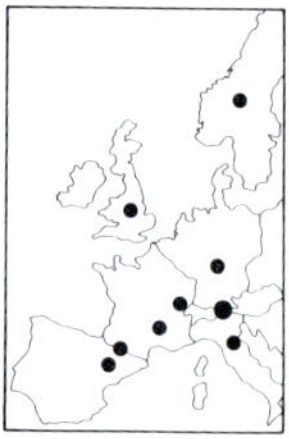

Fleurs bleu lilas ou blanches, pourvues de 4 lobes se déployant hors de la corolle tubuleuse. Épais anneau de franges blanches à l'entrée de la corolle. Fleurs en grappes coiffant des tiges ramifiées.

Annuelle ou bisannuelle. Feuilles ovales opposées, les caulinaires étant plus pointues. Le calice se compose de 2 lobes larges et pointus enveloppant des lobes étroits. Le fruit est une capsule.

Prairies, bruyères, dunes, sur les sols acides ou neutres, dans toute l'Europe, jusqu'à 2 750 m d'altitude.

Gentiane amère : fleurs à 5 lobes ; **Gentiane d'Allemagne**.

Juin - septembre

GENTIANE DES NEIGES ◢▲

Gentiana nivalis Basse ; 8 mm.

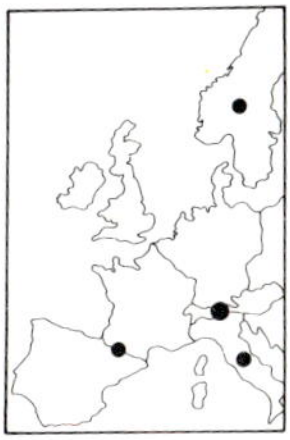

Les minuscules fleurs bleu vif présentent 5 lobes pointus se détachant de la corolle tubuleuse, et coiffent de fines tiges feuillées. Feuilles opposées, ovales ou elliptiques.

Petite plante annuelle, mince, avec une hampe florale dressée, ramifiée ou non. Pousse en solitaire, éparpillée ou en petits groupes. Fruit : capsule renfermant de nombreuses graines, s'ouvrant en deux à maturité.

Lieux herbeux, humides et rocheux, dans toute l'Europe, uniquement en montagne (de 1 600 à 3 100 m) au sud de son aire de répartition, mais à altitude inférieure au nord.

Gentiane de Bavière et **Gentiane printanière** ; Gentiane délicate (Scandinavie, Pyrénées, Alpes) : corolle à 4 lobes ronds ; *Gentiana prostrata* (centre des Alpes) : corolle à 4 grands lobes pointus et 4 petits lobes ; autres Gentianes : entrée de la corolle frangée de blanc.

Juin - août

▲▲ PENSÉE À LONG ÉPERON

Basse ; 2-3 cm. *Viola calcarata*

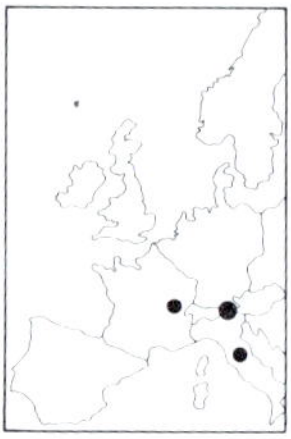

Grandes fleurs violettes (parfois jaunes) comme des Pensées, avec un long éperon effilé de 8 à 15 mm à la base des fleurs. Pétale inférieur légèrement divisé en 2 lobes. Feuilles ovales ou lancéolées, pétiolées, à dents émoussées.

Plante vivace, en petites touffes, portant 1 ou 2 fleurs. Tiges et feuilles pubescentes ou glabres. Stipules étroites, légèrement dentées, à la base des feuilles. Fruit : capsule à 3 loges s'ouvrant à la base pour libérer de nombreuses graines.

Prairies et éboulis de haute et moyenne montagne (de 1 300 à 2 400 m d'altitude), dans le Jura, les Alpes et les Apennins.

Pensée des Vosges ; Pensée cornue des Pyrénées (Pyrénées) : fleurs plus petites à long éperon, odorantes, pétales plus étroits ; Pensée sauvage : plus petite, éperon court, fleurs souvent bicolores, jusqu'à 2 700 m ; on trouve plusieurs Pensées de montagne violettes à aire de répartition réduite.

Avril - octobre

SOLDANELLE DES ALPES

Soldanella alpina — Basse ; 1-2 cm.

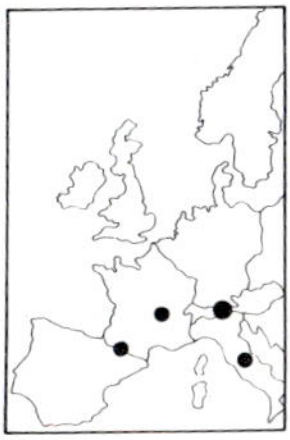

Fleurs en clochettes pendantes, violet pâle ; corolle divisée en fines lanières jusqu'au milieu. Groupes de 2 à 4 fleurs portées en grappes lâches à l'extrémité d'une tige sans feuilles.

Plante vivace glabre, formant un tapis de feuilles pétiolées non dentées, cordiformes ou réniformes, vert foncé brillant, d'où émergent les hampes florales. Fruit : capsule dressée, en forme d'urne, contenant de nombreuses graines.

Lieux humides herbeux et pierreux, notamment calcaires, jusqu'à 3 000 m dans les Pyrénées, en Auvergne, dans les Alpes, les Apennins, le sud de l'Allemagne (Schwarzwald).

La Soldanelle velue est plus grande et pubescente ; la Soldanelle fluette et la Petite soldanelle ont des fleurs campanulées respectivement roses et blanches, le bord de la corolle étant moins profondément frangé.

Mai - août

▲ PRIMEVÈRE MARGINÉE

Basse-petite ; 2-2,5 cm. *Primula marginata*

Fleurs bleu lilas (parfois rosées) à gorge blanche farineuse, en grappes de 3 à 15 sur une tige gris-vert relativement courte, recouverte d'une poudre blanche farineuse. Pétales à échancrure peu profonde.

Plante vivace. La hampe florale émerge d'une rosette basale de feuilles spatulées bordées de dents pointues. Toute la plante a une teinte grisâtre du fait de la poudre farineuse. Fruit : petite capsule contenant de nombreuses graines.

Crevasses dans les rochers et éboulis, jusqu'à 2 600 m d'altitude dans les Alpes françaises et italiennes.

Primevère farineuse et **Primevère hirsute** ; plusieurs autres Primevères lilas ou roses poussent en haute montagne.

Juin - juillet

ASTER DES ALPES ▲

Aster alpinus

Bas-petit ; 3,5-4,5 cm.

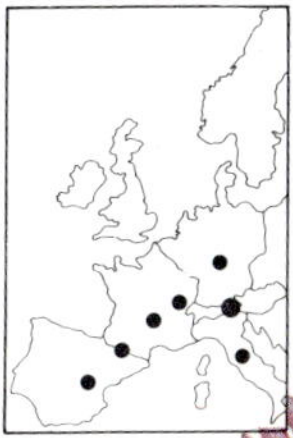

Grands capitules solitaires bleu-violet, de type Pâquerette, à cœur jaune ; fleurs ligulées bleues, périphériques, souvent recourbées aux extrémités. Feuilles ovales, feuilles caulinaires sessiles, plus étroites.

Plante vivace légèrement pubescente, poussant en petites touffes. Hampes florales dressées, non ramifiées au-dessus du pied. Fleurs parfois roses ou même blanches. Le fruit est un petit akène.

Endroits pierreux secs et parmi les rochers, dans toutes les montagnes d'Europe, sauf en Scandinavie et en Grande-Bretagne, jusqu'à 3 200 m d'altitude.

Aster pyrenaeus (Pyrénées seulement) et Étoilée (jusqu'à 1 400 m, centre et est de la France, du sud de l'Allemagne au nord de l'Italie et nord de la Grèce) : plus grands, hampes florales ramifiées ; **Vergerette hérissée**.

Juillet - septembre

LINAIRE ALPINE

Basse ; 1,5-2 cm. *Linaria alpina*

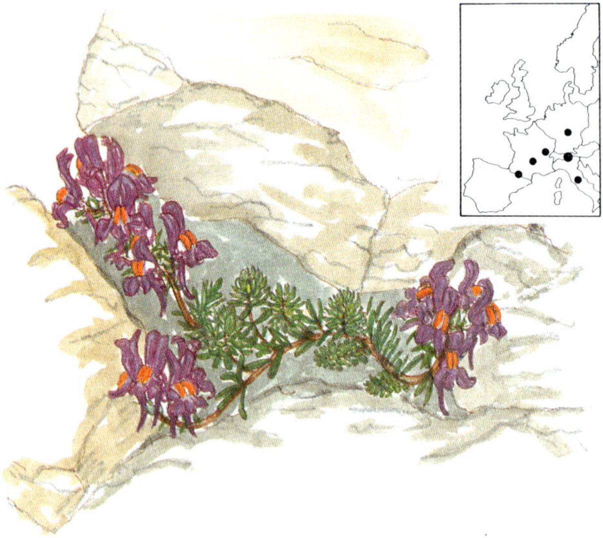

Fleurs violettes, comme de petites Gueules-de-loup, avec un long éperon à l'arrière et une tache jaune sur la lèvre inférieure. En petites grappes sur les tiges feuillées rampantes. Petites feuilles linéaires à oblongues-lancéolées, en verticilles.

Annuelle ou vivace formant une touffe basse. Feuilles et tiges glabres, assez charnues. Le fruit est une capsule sphérique.

Éboulis, rochers et cailloux, en montagne, de 1 500 à 3 800 m d'altitude, dans toute l'Europe excepté les îles Britanniques et la Scandinavie.

Les autres Linaires à fleurs violettes ont des tiges plus hautes, dressées ; Linaire cymbalaire : petites fleurs violettes à éperon court et petites feuilles arrondies lobées comme celles du Lierre ; le long des vieux murs et sur les rochers ombragés.

Mai - août

Autres espèces communes

1

2

3

4

5

Campanule fausse-raiponce (1) Épi de fleurs campanulées, pendantes, violet intense. Sépales renversés. Bois, champs, jusqu'à 2 000 m, partout. Juil.-août.

Clématite des Alpes (2) Plante grimpante volubile. Grandes fleurs bleues, nombreuses étamines blanchâtres. Bois, broussailles, jusqu'à 2 900 m. Alpes, Scand. Mai-juil.

Pied-d'alouette élevé (3) Épis de fleurs bleu intense à long éperon. Feuilles palmées. Toxique. Endroits herbeux et rocheux, jusqu'à 2 000 m, Alpes. Juin-août.

Gentiane croisette (4) Moyenne. Fleurs bleu terne érigées, tubuleuses, à 4 lobes. Feuilles ovales, par paire. Endroits herbeux, bois, jusqu'à 2 000 m, Alpes, Apen. Juil.-oct.

***Erigeron neglectus* (5)** Petites fleurs bleues solitaires, de type Pâquerette, à cœur jaune. Sur les rochers, de 1 800 à 2 600 m, Alpes. Juil.-sept.

Autres espèces communes

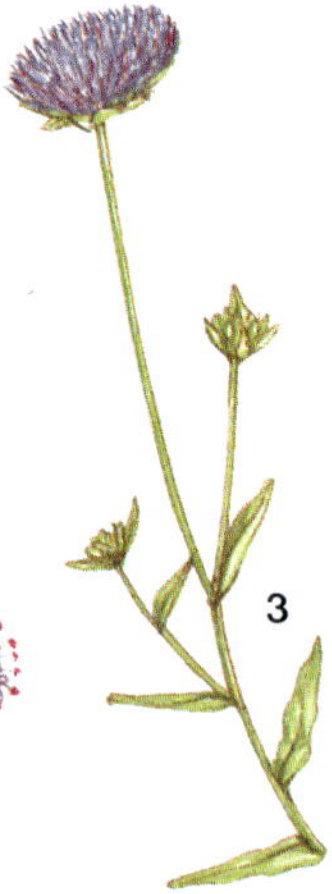

Astragale des Alpes (1) Fleurs papilionacées, violet clair, pétales inférieurs violet foncé. Jusqu'à 3 000 m, nord et ouest de l'Europe, Alpes, Pyr. Juil.-août.
Hépatique (2) Petite. Feuilles trilobées, marbrées, vert foncé, persistantes. Bois, endroits herbeux, jusqu'à 2 200 m, majeure partie de l'Europe continentale. Mars-avril.
Jasione des montagnes (3) Petite. Inflorescences rondes, fleurs à 5 pétales. Feuilles petites, ovales, pubescentes. Prairies, jusqu'à 1 700 m, partout. Mai-sept.
Succise des prés (4) Grande. Inflorescences globuleuses de fleurs bleu foncé à 4 lobes, en entonnoir. Lieux humides, jusqu'à 2 400 m, partout. Juil.-oct.
Véronique des rochers (5) Petite. Fleurs d'un bleu intense à cœur rouge. Prairies, rochers, jusqu'à 3 000 m, Pyr., Alpes. Juil.-sept.

ADÉNOSTYLE À FEUILLES D'ALLIAIRE

Adenostyles alliariae Moyenne-grande ; capitule : 6-8 mm.

Capitules rouge-pourpre composés de quelques fleurons tubuleux, et réunis en grappes ramifiées compactes. Feuilles de la base très grandes, cordiformes à réniformes, dentées, pétiolées, vertes et duveteuses au dos.

Plante vivace pouvant atteindre 2 m de haut. Peuple les bois de montagne et les vallées. Feuilles caulinaires sessiles embrassant la tige rougeâtre. Fruit : couronne d'aigrettes sur plusieurs rangées, comme chez le Pissenlit.

Lieux ombragés humides, bois et broussailles, berges des cours d'eau, endroits rocailleux humides. Jusqu'à 2 700 m dans les Pyrénées, les montagnes françaises, les Alpes et les Apennins.

Adénostyle tomenteuse : tiges et feuilles recouvertes de poils blancs laineux, feuilles supérieures pétiolées, de 1 900 à 3 100 m, sud-ouest et centre des Alpes ; Adénostyle des Alpes : plus petit, feuilles inférieures réniformes presque glabres au dos, absente dans les Pyrénées.

Juillet - août

GÉRANIUM DES BOIS

Moyen-grand ; 2,5 cm. *Geranium sylvaticum*

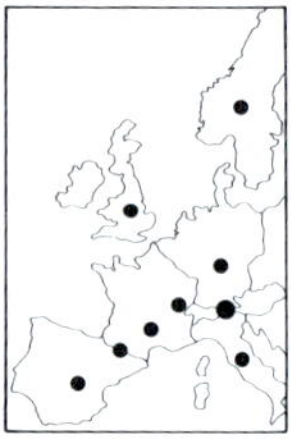

Fleurs à 5 pétales allant du rouge-violet au bleuâtre, en général avec un cœur blanc. Réseau de nervures très visible sur les pétales. Feuilles palmées, divisées presque jusqu'à la base en 5 à 7 lobes dentés étroits.

Plante vivace. Feuilles et tiges pubescentes. Fleurs par paire. Les pédoncules restent dressés après la floraison. Le fruit caractéristique contient 5 graines qui forment un long bec et se séparent à maturité.

Commun dans les prés, les pâturages, les lieux rocheux humides, les talus et les bois, en plaine et en montagne jusqu'à 2 400 m, dans la majeure partie de l'Europe, seulement en montagne dans le sud.

Géranium des prés : fleurs plus grandes, plus bleues, sans cœur blanc, feuilles plus découpées, jusqu'à 1 900 m ; Géranium d'Endresse (Pyrénées, jardins ailleurs) : fleurs non nervurées rose-rouge ; Géranium noueux : pétales rose vif très échancrés.

Juin - juillet

ORCHIS MOUSTIQUE

Gymnadenia conopsea Petit-moyen ; jusqu'à 1 cm.

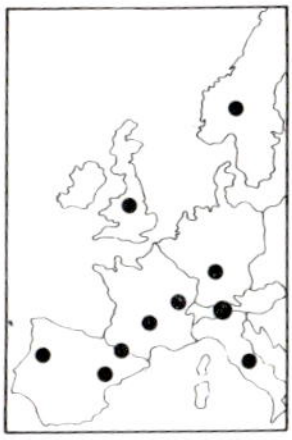

Fleurs roses très odorantes en épi cylindrique, atteignant 10 cm de long. Fleurs munies d'un long éperon (de 11 à 18 mm) grêle, incurvé, labelle à 3 lobes émoussés. Feuilles étroites et pointues embrassant la tige, feuilles supérieures petites.

Plante vivace, à racine tubéreuse. Tige et feuilles glabres. Dans la fleur, les « pétales » latéraux (en fait des sépales) se déploient comme des ailes ; les 2 pétales et le sépale supérieurs forment un casque. Fruit : capsule à 3 loges contenant de nombreuses graines.

En plaine et en montagne dans divers habitats, surtout dans les prés et en lisière de forêt en montagne, en général sur les sols calcaires, jusqu'à 2 700 m, dans toute l'Europe sauf l'extrême nord.

Les fleurs parfumées de l'Orchis odorant, à feuilles plus petites, gris-vert (Pyrénées, Alpes, Scandinavie) ont un éperon court ; *Dactylorhiza* sp. : fleurs rosées, tachetées et rayées de violet ; **Orchis globuleux**.

Mai - août

CENTAURÉE ALPESTRE

Moyenne ; capitule : 2-4 cm. *Centaurea alpestris*

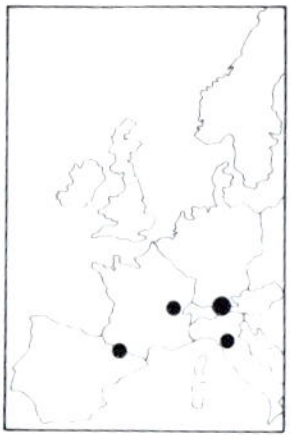

Capitules violets solitaires composés de grands fleurons externes entourant une masse de fleurs ligulées internes, plus courtes. La base dure des capitules est formée de petites bractées écailleuses, cachées par des poils duveteux brun foncé.

Plante vivace généralement non ramifiée. Feuilles pennées découpées presque jusqu'à la nervure centrale, lobes arrondis ovales, dentés. Fruit : petit akène coiffé d'une courte aigrette.

Endroits secs, herbeux, pierreux et rocheux, dans les Pyrénées, le Jura, les Alpes et le nord des Apennins, jusqu'à 1 600 m d'altitude.

De nombreuses Centaurées poussent en montagne, identifiables par les détails des feuilles et des bractées florales. *C. nigrescens* : bractées vertes bordées de petits poils noirs, feuilles inférieures non divisées, jusqu'à 2 200 m, dans les Alpes, les Apennins ; **C. monocéphale** ; C. commune : plaines et jusqu'à 1 000 m. **C. de montagne. Serratule des teinturiers**.

Juillet - août

CYCLAMEN D'EUROPE

Cyclamen europaeum — Bas ; 1-1,5 cm.

Plante attrayante, parfois cultivée. Fleurs solitaires odorantes, rose foncé, à 5 pétales fortement incurvés vers l'arrière à partir d'une bouche ronde plus foncée. Feuilles marbrées, vert foncé brillant, cordiformes ou réniformes.

Plante vivace. Les feuilles et les hampes florales sans feuilles jaillissant d'un tubercule rond et aplati. Feuilles violacées au dos. Les pédoncules s'enroulent étroitement autour des capsules au fur et à mesure de la maturation.

Bois et broussailles rocailleuses, sur les sols calcaires, jusqu'à 1 800 m d'altitude, dans les Alpes.

Cyclamen à feuilles de lierre (sud de la France, Italie jusqu'à 1 200 m) : Cyclamen le plus cultivé en Europe, fleurs plus claires ou blanches, non odorantes, avec une gorge anguleuse et apparaissant en général d'août à novembre, avant les feuilles pointues qui font penser aux feuilles de Lierre.

Juin - octobre

▲◢ LIS MARTAGON

Grand ; 3-4 cm. *Lilium martagon*

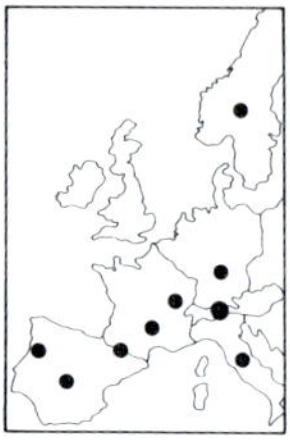

Fleurs rose terne tachetées de violet, rappelant un turban turc. De 3 à 15 fleurs par tige, chacune à 6 « pétales » (segment de périanthe ou tépales) repliés vers l'arrière, dévoilant de longues anthères.

Plante vivace à bulbe. Tige tachetée et marbrée de rouge. Feuilles vert foncé, elliptiques, comptant de 7 à 9 nervures, en verticilles (sauf en haut de la tige où elles apparaissent parmi les fleurs). Fruit : capsule à 3 loges, s'ouvrant à la base à maturité.

Bois, broussailles, pâturages de montagne, en sol calcaire, jusqu'à 2 800 m d'altitude ; indigène dans presque toute l'Europe sauf dans le nord, naturalisé ailleurs.

Le Lis des Pyrénées à fleurs vert jaunâtre ponctuées de violet et feuilles linéaires ou lancéolées vert brillant, est originaire des Pyrénées, mais est naturalisé ailleurs.

Juin - juillet

CORTUSE DE MATTHIOLE

Cortusa matthioli Petite ; 9-11 mm.

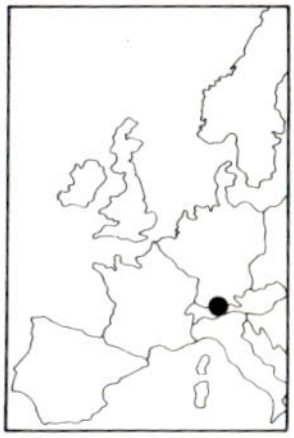

Fleurs en clochette rouge-violet à 5 pétales sur des pédoncules pendants. Elles sont disposées en grappes et coiffent une tige dressée sans feuilles. Feuilles arrondies, lobées et dentées.

Plante vivace. Feuilles et tiges pubescentes. La hampe florale émerge d'une rosette de feuilles basales. Le fruit est une capsule renfermant de nombreuses graines.

Bois et endroits humides en sol calcaire, jusqu'à 2 200 m d'altitude, dans les Alpes.

Primevères.

Juin - juillet

RHODODENDRON FERRUGINEUX

Petit-grand ; jusqu'à 2 cm. *Rhododendron ferrugineum*

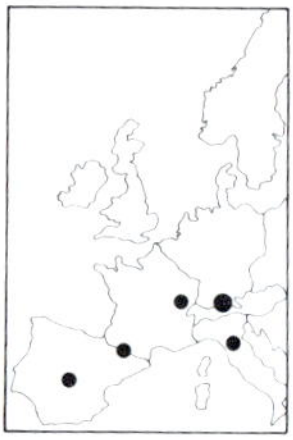

Les fleurs de cette Azalée de montagne, d'un rose éclatant, en entonnoir, à 5 lobes pointus, forment de petites grappes lâches au sommet des tiges. Feuilles ovales pointues, vert luisant foncé dessus, couvertes d'écailles velues au dos.

Arbuste persistant très ramifié, toxique, atteignant 1 m de haut et formant souvent de vastes fourrés. Bord des feuilles enroulé par en dessous. Le fruit est une capsule.

Versants dégagés de montagne, bois clairs, endroits pierreux, souvent en sol légèrement acide, jusqu'à 3 200 m, dans les Pyrénées, l'est de la France, le sud de l'Allemagne, les Alpes, le nord des Apennins.

Rhododendron hirsute : fleurs plus petites, feuilles bordées de poils, en sol calcaire ; **Azalée naine**.

Mai - août

GENTIANE POURPRÉE

Gentiana purpurea Petite-moyenne ; 1,5-2,5 cm.

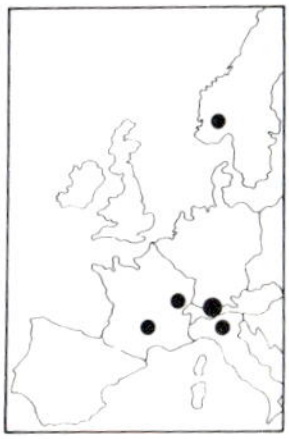

Fleurs campanulées dressées, rouge-violet, jaunâtres à la base et à l'intérieur, à stries et points violets. Elles sont regroupées à l'aisselle des feuilles caulinaires supérieures. Calice membraneux, divisé en deux sur un côté.

Plante vivace, à tiges dressées, non ramifiées, brun-rouge. Feuilles lancéolées à ovales-pointues, striées, opposées, feuilles supérieures embrassant la tige. Fruit : capsule renfermant de nombreuses graines, s'ouvrant en deux à maturité.

Prairies et bois clairs, entre 1 600 et 2 750 m d'altitude, dans les Alpes, le nord des Apennins et le sud de la Norvège (localement).

Gentiane ponctuée : calice vert comptant de 5 à 8 dents, non divisé sur un côté ; Gentiane de Pannonie (centre et est des Alpes) : fleurs rose-violet intense, ponctuées de rouge foncé.

Juillet - octobre

ÉGLANTIER DES ALPES

Grand ; 2,5-4,5 cm. *Rosa pendulina*

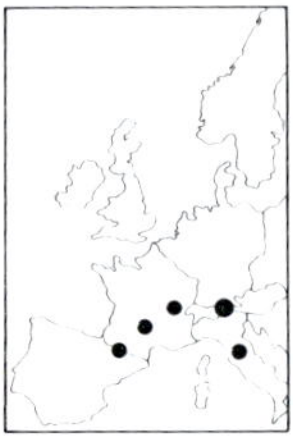

Cette Rose sauvage de montagne ne porte généralement pas d'épines, au moins sur les branches supérieures. Fleurs d'un rose-violet intense ; fruits rouges, ovales, pubescents. Feuilles avec de 7 à 11 folioles vert clair ou jaune-vert.

Les tiges dressées de ce petit arbuste très ramifié peuvent atteindre 2 m de haut. Les bords des folioles sont parfois encore divisés en dentules. Les restes desséchés du calice persistent sur le fruit (ou cynorrhodon).

Pâturages de montagne, bois clairs, jusqu'à 2 600 m d'altitude dans les Pyrénées, les montagnes françaises, les Alpes, les Apennins et en Belgique.

Rosa majalis : fines épines légèrement incurvées, par paire sur les tiges, de 5 à 7 folioles bleu-vert, fruit rouge, rond et lisse, jusqu'à 2 200 m ; Rose de France : tiges hérissées d'épines crochues, fruit rouge, rond, hérissé de poils, de 3 à 7 folioles, bleu-vert terne, jusqu'à 2 000 m.

Juin - août

SERRATULE DES TEINTURIERS ▲ ◢

Serratula tinctoria Petite-grande ; capitule : 1,5-2 cm.

Capitules de petites fleurs tubuleuses pourpres (plus rarement blanchâtres) évoquant ceux du Chardon, mais la plante est dépourvue d'épines. Feuilles inférieures pétiolées, pennées, avec de petites dents sur le bord des lobes.

Plante vivace grêle, ramifiée, très variée. Feuilles supérieures sessiles, souvent non lobées. De petites bractées écailleuses violacées recouvrent la base des capitules. Graine coiffée d'une aigrette de poils duveteux.

Prairies et endroits pierreux humides, lisières de forêt, broussailles, entre 1 600 et 2 400 m dans toute l'Europe ; limite sud : nord de l'Italie et de l'Espagne.

Serratula lycopifolia : capitules solitaires plus grands ; Chardons : plantes hérissées de poils ou d'épines ; **Centaurée alpestre** : fleurons externes généralement plus grands que les fleurons internes.

Juillet - octobre

NIGRITELLE

Basse-petite ; 1-1,5 cm. *Nigritella nigra*

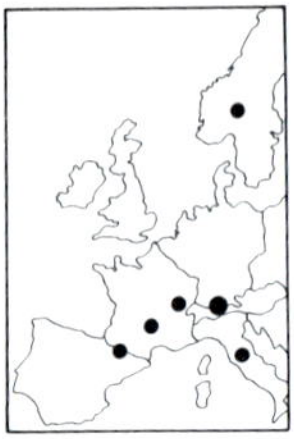

Orchidée de montagne caractéristique portant de petites fleurs violet-noir à éperon court, regroupées en une inflorescence conique, compacte, dégageant une forte odeur de vanille. Feuilles étroites, comme de l'herbe, embrassant la tige.

Plante vivace à racines tubéreuses. Des plantes à fleurs rouges ou blanches apparaissent parfois et sont considérées comme des sous-espèces par certains botanistes. Fruit : capsule à 3 loges renfermant de nombreuses graines.

Pâturages de montagne, de préférence sur les sols calcaires, entre 1 000 et 2 800 d'altitude dans les Pyrénées, les montagnes françaises au sud des Vosges, les Alpes, les Apennins, et en Scandinavie.

Pas d'espèce similaire.

Mai - septembre

GENTIANE D'ALLEMAGNE

Gentianella germanica Basse-petite ; jusqu'à 4 cm.

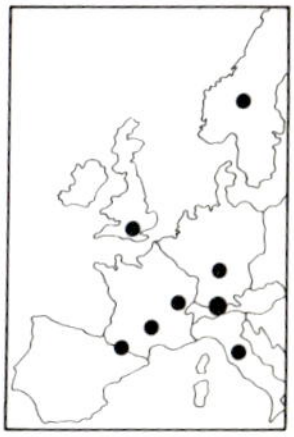

Fleurs violettes, roses ou blanches, dont la corolle s'évase en 5 lobes et s'orne d'une frange blanche épaisse à l'entrée. Fleurs en grappes coiffant des tiges généralement ramifiées dès la base.

Annuelle ou bisannuelle. Feuilles ovales opposées, celles de la base étant souvent flétries lors de la floraison. Le calice a 5 lobes pointus égaux. Le fruit est une capsule contenant de nombreuses graines.

Prés, endroits humides et terres en friche, en sol calcaire, jusqu'à 2 700 m d'altitude, du sud de l'Angleterre jusqu'aux Alpes et aux Apennins.

Gentiane amère ; **Gentiane des champs** : fleurs à 4 lobes ; Petite centaurée : mêmes endroits à altitude inférieure, semblable par la forme, mais fleurs roses nettement plus petites (de 1 à 1,5 cm) sans frange à l'entrée de la corolle ; **Gentiane croisette**.

Août - octobre

COLCHIQUE DE PRINTEMPS

Basse ; 4-6 cm. *Bulbocodium vernum*

Fleurs rose lilas (plus rarement blanches), en grappes de 1 à 3, émergeant directement d'un bulbe. Les 6 « pétales » (en fait des segments de périanthe ou tépales) reliés à la base, finissent par tomber en morceaux en s'ouvrant en étoile.

Plante vivace. Les feuilles linéaires, striées, vert foncé apparaissent en même temps que les fleurs et sont entourées d'une gaine membraneuse à la base. L'écaille extérieure du bulbe est noirâtre.

Pâturages, jusqu'à 2 000 m d'altitude, dans les Pyrénées, les Alpes et les Apennins.

Colchique d'automne : très proche, 6 étamines, mais les fleurs s'épanouissent en automne (août-septembre), les feuilles sortent au printemps et meurent avant la floraison ; *Merendera montana* (centre des Pyrénées seulement) : plus petit, 6 étamines, pétales se désagrégeant ; vrais Crocus : 3 étamines.

Février - mai

CIRSE LAINEUX

Cirsium eriophorum Moyen-grand ; capitule : 4-7 cm.

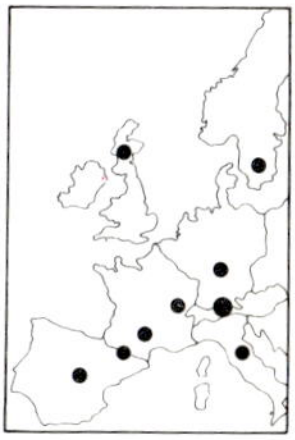

Le disque de fleurs tubuleuses rouge-violet émerge d'un grand socle globuleux composé de bractées épineuses recouvertes de poils blancs cotonneux. Feuilles grandes, très épineuses, recouvertes au dos de poils blancs.

Grande bisannuelle robuste, dont la tige peut atteindre 2 m de haut. Grandes feuilles pennées, chaque lobe étant terminé par une grosse épine effilée. Tiges recouvertes de poils blancs.

Prairies, terres non cultivées, sur les sols secs calcaires, jusqu'à 2 100 m, en Grande-Bretagne et plus au sud dans les Pyrénées, les Alpes et les Apennins. À altitude plus basse dans le centre et l'est de l'Europe.

Plusieurs Chardons assez ressemblants poussent en montagne, mais aucun n'a la base de l'inflorescence aussi laineuse.

Juillet - septembre

PÉDICULAIRE VERTICILLÉE

Basse-petite ; 1,5 cm. *Pedicularis verticillata*

Épis compacts de fleurs rouge-mauve bilabiées. Lèvre supérieure bombée et en capuchon, lèvre inférieure divisée en 3 larges lobes. Feuilles à pétioles courts en verticilles de 3 ou 4, pennées, chaque foliole étant également pennée.

Plante vivace, semi-parasite des graminées. Les bractées, ressemblant à des feuilles, poussent parmi les fleurs et sont parfois teintées de pourpre. Fruit : groupe de 4 akènes à une seule graine.

Endroits pierreux, pâturages humides dans les montagnes du centre et du sud de l'Europe, y compris en France et en Espagne, entre 1 500 et 3 100 m d'altitude.

Autres Pédiculaires (fleurs rouges ou jaunes) : feuilles alternes, non verticillées ; *Galeopsis* sp. : fleurs de même forme, feuilles ovales pointues, dentées ; Lamiers : lèvre inférieure de la fleur à 2 petits lobes latéraux, lobe central souvent échancré, feuilles entières. **Péditulaire tubéreuse**.

Juin - août

SCABIEUSE LUISANTE

Scabiosa lucida Petite ; capitule : 1-2 cm.

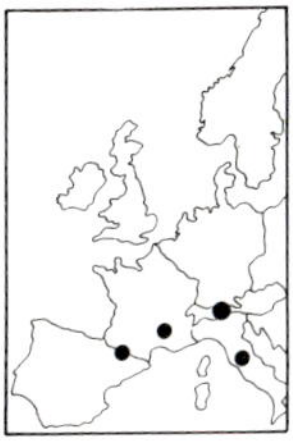

Capitules plats, rose-violet ou mauves, fleurons externes nettement plus grands avec des poils noirs à la base. Feuilles vert luisant, presque glabres ; feuilles caulinaires pennées, terminées par une foliole plus grande.

Plante vivace, légèrement pubescente. Capitule entouré d'un rang unique de bractées vertes, étroites. Feuilles inférieures ovales, pointues, à dents peu profondes. Le fruit est un petit akène.

Pâturages secs de montagne et endroits pierreux et rocheux, jusqu'à 2 700 m d'altitude dans les Alpes et les Apennins.

Knautie des bois ; Knautie des champs : plus grande, feuilles caulinaires ovales à pointues, dentées, feuilles inférieures pennées, jusqu'à 600 m ; Scabieuse colombaire : fleurs bleu-violet, fleurons externes un peu plus grands, plante velue, très ramifiée, jusqu'à 900 m.

Juin - septembre

PRIMEVÈRE FARINEUSE

Basse ; 8-16 mm. *Primula farinosa*

Fleurs rose-violet (parfois blanches) à 5 pétales et cœur jaune, en grappes de 2 ou plus au sommet d'une longue tige sans feuille. Tiges et dos des feuilles recouverts d'une poudre blanche farineuse. Fruit : petite capsule.

Plante vivace. Hampes florales jaillissant d'une rosette basale de feuilles spatulées ou ovales, un peu plissées, à bord finement denté. Comme chez toutes les Primevères, les pétales sont échancrés et partiellement soudés pour former un tube.

Lieux humides, dans l'herbe rase et les sols marécageux, jusqu'à 3 000 m, dans le nord de la Grande-Bretagne, dans toute l'Europe continentale, y compris les Pyrénées et au nord jusqu'au sud de la Suède.

Nombreuses autres Primevères à fleurs rosées ou lilas, telles la **Primevère hirsute** et la **Primevère marginée**, à haute altitude dans les montagnes d'Europe, certaines étant très localisées. Elles ont généralement de grandes fleurs à cœur blanc et des feuilles plus charnues.

Mai - août

ŒILLET DES CHARTREUX

Dianthus carthusianorum Moyen-grand ; 2-3 cm.

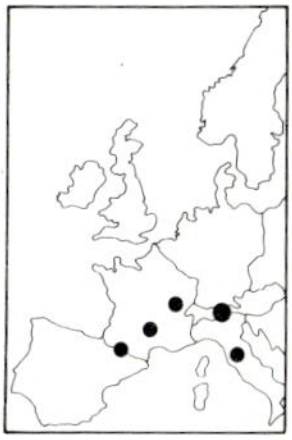

Fleurs rose intense à magenta, avec 5 pétales dentés, réunies en petites grappes compactes au sommet de tiges raides dressées, gris-vert. Feuilles étroites, pointues, opposées, glabres, gris-vert, atteignant 5 mm de large.

Plante vivace poussant en petites touffes. Fleurs entourées de bractées brun-mauve. Fruit : capsule renfermant de nombreuses graines, s'ouvrant au sommet à maturité en formant 4 dents.

Endroits secs, prairies et sols rocheux secs, bois clairs, jusqu'à 2 500 m d'altitude, dans les Pyrénées, les montagnes françaises, les Alpes et les Apennins.

Œillet des poètes : grandes inflorescences plates entourées de bractées vertes, jusqu'à 2 500 m ; Œillet velu : fleurs nettement plus petites (1 cm de diamètre) en grappes ; Œillet de Seguier (est de la France) : feuilles étroites, grappes de 1 à 3 fleurs ; autres Œillets.

Mai - août

▲▲ ŒILLET À DELTA

Petit-moyen ; 1,5 cm. *Dianthus deltoides*

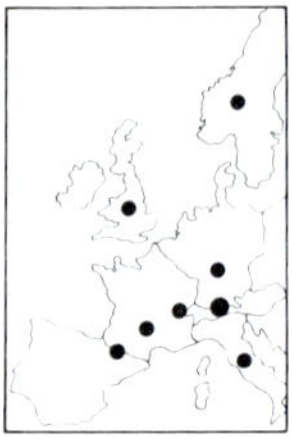

Petites fleurs non odorantes, rose foncé à points blancs, avec un cercle foncé autour du cœur. Feuilles bleu-vert, étroites, ovales, à bout rond et bordées de poils. Tiges rugueuses, pubescentes.

Plante vivace, formant une touffe lâche. Chaque tige porte 1 ou 2 fleurs à 5 pétales. Le fruit est une capsule contenant de nombreuses graines, s'ouvrant au sommet à maturité en formant 4 dents.

Prairies sèches et endroits pierreux, bois clairs ; de préférence sur les sols sableux légers, jusqu'à 2 500 m d'altitude, dans toute l'Europe sauf à l'extrême nord.

Œillet subacaule (Pyrénées) : petites fleurs roses, poussant en petites touffes, avec des feuilles courtes et linéaires étroitement serrées contre la tige ; **Œillet** ; autres Œillets.

Juin - octobre

ŒILLET NÉGLIGÉ

Dianthus pavonius

Bas ; 2-2,5 cm.

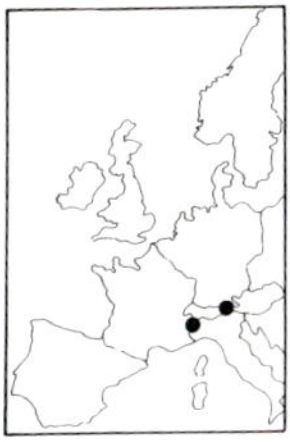

Fleurs solitaires roses à cœur verdâtre, pétales dentés de couleur chamois clair au dos. Écailles pointues à la base du calice, aussi longues que ce dernier. Feuilles linéaires pointues avec 3 nervures longitudinales.

Plante vivace. Feuilles et tiges lisses et glabres. L' **Œillet de Grenoble** (*Dianthus gratianopolitanus*) (**1**) a des fleurs rose intense, odorantes, émergeant d'une touffe basse de feuilles linéaires, gris-vert. Écailles très courtes à la base du calice violacé.

Œillet négligé : prairies et rocaille, entre 1 200 à 3 000 m dans Alpes (sud-ouest surtout) ; Œillet de Grenoble : jusqu'à 2 200 m, dans les Alpes et en Angleterre (uniquement dans la région de Cheddar).

L'**Œillet sylvestre**, commun, pousse aussi malgré son nom dans les lieux rocheux dégagés, jusqu'à 2 800 m ; l'Œillet des glaciers, à petites fleurs roses et feuilles charnues assez larges, pousse jusqu'à 2 900 m sur la roche acide, dans le centre et l'est des Alpes.

Juillet - août ; *Dianthus gratianopolitanus* : mai - juillet

▲▲ GAZON D'ESPAGNE

Bas-petit ; capitule ; 1-1,5 cm. *Armeria maritima alpina*

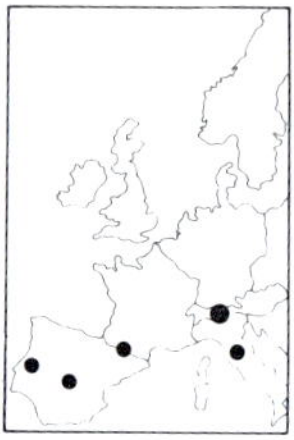

Fleurs rose vif à 5 pétales, en capitule sphérique au sommet d'une tige mince et dure dépourvue de feuilles, et entourées par des bractées membraneuses minces, brun clair, celles de l'extérieur embrassant la tige juste sous le capitule.

Plante vivace formant des coussins denses de feuilles étroites vert foncé, ressemblant à de l'herbe. Fruit sec, à une graine, entouré d'une coupelle mince membraneuse.

Endroits herbeux humides et éboulis, entre 1 400 et 3 100 m d'altitude, dans les Pyrénées, les Alpes et les Apennins.

Armeria alliacea, à feuilles plus larges, lancéolées, pousse dans les prairies sèches et les éboulis jusqu'à 3 000 m d'altitude.

Juillet - août

VERGERETTE HÉRISSÉE

Erigeron uniflorus Basse ; capitule : 1-1,5 cm.

Petits capitules solitaires, rose lilas ou blancs, de type Pâquerette, à cœur jaune, sur des tiges non ramifiées. Les bractées vertes à la base des capitules sont recouvertes de poils blancs laineux.

Petite plante vivace, légèrement pubescente. Les tiges émergent d'une rosette basale de feuilles pétiolées, non dentées, spatulées et allongées. Les quelques feuilles caulinaires sont sessiles. Fruit : akène à une seule graine.

Pâturages humides et lieux pierreux et rocheux, entre 1 200 et 3 000 m, souvent autour des zones de neige éternelle, dans les Alpes, les Pyrénées, les Apennins et les montagnes de Scandinavie.

Aster des Alpes ; *Erigeron neglectus* ; *Erigeron polymorpha* : capitules bleu lilas, tiges parfois ramifiées, bractées vertes sous le capitule, ni blanches ni laineuses ; Vergerette des Alpes : capitules plus grands (de 2 à 3 cm), bleu lilas, feuilles très pubescentes.

Juillet - septembre

GNAPHALE ÉTALÉ

Bas ; capitule : 5-6 mm. *Gnaphalium supinum*

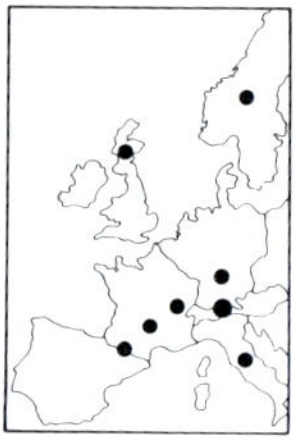

Plante duveteuse grisâtre ; petite grappe de capitules jaune-rouge parmi les feuilles au sommet des hampes florales. Chaque capitule est composé de fleurons tubuleux à pointe rouge, et est entouré d'un involucre de bractées brunes.

Petite plante vivace en touffe, avec de nombreuses pousses feuillées non florifères. Feuilles étroites grises, oblongues à lancéolées, non dentées avec une nervure centrale unique. Le fruit est un petit akène.

Lieux herbeux et rocheux, dégagés et humides, surtout autour des plaques de neige, sur les rochers acides et basiques, de 1 400 à 3 400 m, dans les montagnes d'Europe, y compris en Écosse.

Antennaria carpatica : grappes de petits capitules noirâtres, tiges et feuilles grises, duveteuses, jusqu'à 3 000 m. Pied de chat : grappe de capitules roses, feuilles et tiges vertes, jusqu'à 3 000 m, en sol acide ; *Gnaphalium sylvaticum* : capitules disposés en épi, jusqu'à 2 500 m, dans les bois clairs et les clairières.

Juillet - septembre

CALLUNE

Calluna vulgaris Petite-moyenne ; 3-4 mm.

1

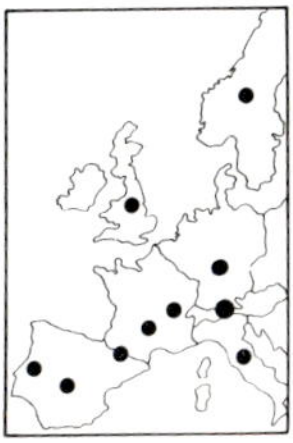

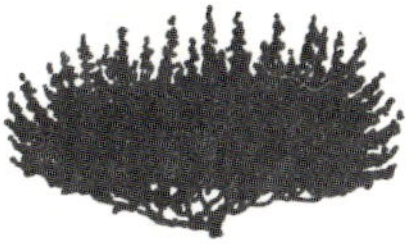

Petites fleurs rose lilas dont les sépales semblables à des pétales entourent les pétales plus courts. Feuilles petites, en aiguilles, réunies en rangs compacts. **Bruyère cendrée** (*Erica cinerea*) (**1**) : clochettes pourpres, feuilles étroites par groupes de 3.

Sous-arbrisseau ligneux, la Callune forme souvent un tapis continu sur de grandes surfaces ; c'est une source importante de nourriture pour les animaux, et de nectar pour les abeilles dans les landes du nord. Fruit : capsule à nombreuses graines.

Callune : dans les landes, les bruyères, les marécages, les bois clairs, le bord des routes, en sol acide, dans toute l'Europe jusqu'à 2 700 m ; Bruyère cendrée : sur les sols acides plus secs, jusqu'à 1 500 m.

Bruyère à quatre angles (Pyrénées, centre et ouest des Alpes, Scandinavie, îles Britanniques) : feuilles duveteuses grisâtres en verticilles de 4, grappes de clochettes rouge-violet ; Phyllodoce bleue (Scandinavie, Pyrénées) : clochettes pendantes sur de longs pédoncules, par grappes de 2 à 6, feuilles alternes étroites.

Juillet - octobre ; *Erica cinerea* : juillet - septembre

ORCETTE

Petite-grande ; 4-6 mm. *Vaccinium uliginosum*

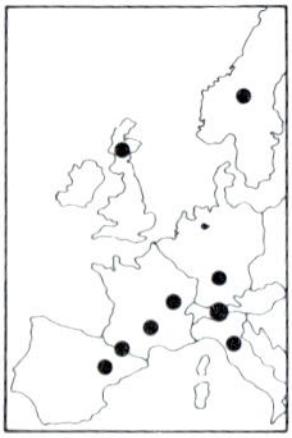

Fleurs en clochettes rose pâle formant de petites grappes pendantes et suivies de baies sucrées comestibles rondes, bleu-noir. Les feuilles ovales, bleu-vert, non dentées, sont parcourues d'un joli réseau de nervures.

Buisson rampant à feuillage caduc produisant des hampes florales dressées. Fleurs parfois blanches. Tiges ligneuses de section transversale sphérique. Les fruits peuvent provoquer de légers malaises.

Sur les sols acides humides, dans les forêts de conifères, les bruyères, les landes et les pâturages subalpins, jusqu'à 3 000 m d'altitude, dans toute l'Europe.

Pousse souvent avec la Myrtille : feuilles dentées d'un vert éclatant tournant au rouge, clochettes verdâtres solitaires teintées de rouge, suivies de baies bleu-noir comestibles ; Airelle rouge : clochettes rose pâle ouvertes, baies rouges ; **Raisin d'ours** : baies rouges.

Mai - juin

SAPONAIRE FAUX-BASILIC ◢ ▲

Saponaria ocymoides Basse-petite ; 6-10 mm.

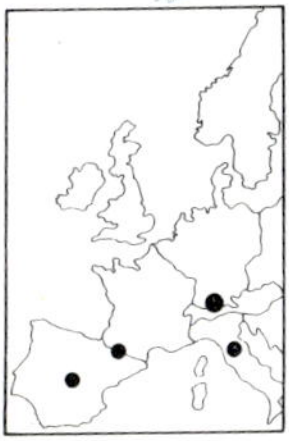

Fleurs rose-violet composées de 5 pétales libres non échancrés, aux extrémités arrondies. Petites grappes lâches sur une tige rampante. Feuilles petites, lancéolées, pubescentes, par paire.

Plante vivace formant des tapis de tiges rampantes très ramifiées. Tiges pubescentes, souvent rougeâtres. Le calice tubuleux est rougeâtre, pubescent, très nervuré, pourvu de 5 dents. Fruit : capsule s'ouvrant en 4 valves au sommet.

Sur les rochers, les sols pierreux et l'herbe rase, jusqu'à 2 000 m d'altitude dans les Pyrénées, les Alpes et les Apennins ; naturalisée ailleurs.

Androsace des Alpes ; Silène acaule ; plusieurs plantes en apparence similaires, avec de petites fleurs roses ou blanches, poussent en montagne. Observez soigneusement les détails de la structure et de la forme des fleurs, ainsi que la forme et la disposition des feuilles. **Gypsophile rampante**.

Mars - octobre

GYPSOPHILE RAMPANTE

Basse ; 8-10 mm. *Gypsophila repens*

Fleurs rose pâle, blanches ou lilas, composées de 5 pétales libres légèrement échancrés. Pétales plus longs que les sépales. Feuilles étroites lancéolées, gris-vert, lisses et glabres, disposées par paire le long de la tige.

Plante vivace. Fleurs en grappes lâches sur des tiges dressées jaillissant de longues pousses rampantes. Calice tubuleux à 5 nervures et 5 dents. Le fruit est une capsule s'ouvrant au sommet à maturité en formant 4 dents.

Rochers, bords de falaise, éboulis et herbe rase, généralement en sol calcaire, jusqu'à 2 900 m dans les Pyrénées, le centre et l'est de la France, les Alpes et les Apennins.

Saponaire faux-basilic ; Silène acaule ; Androsace des Alpes ; Céraiste alpin ; Silène des rochers.

Mai - septembre

SILÈNE ACAULE

Silene acaulis

Basse ; 6-10 mm.

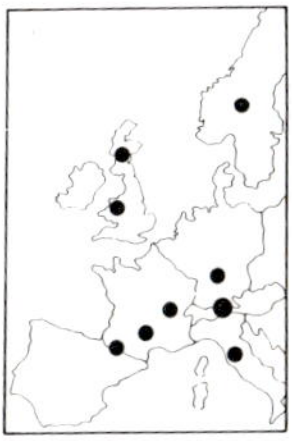

Fleurs roses ou rose-violet à 5 pétales libres échancrés, poussant en solitaire à l'extrémité de courtes tiges qui émergent d'un coussinet compact de feuilles. Feuilles étroites, petites, vert vif, glabres, par paire sur la tige.

Plante vivace. Ces tapis de feuilles presque masqués par des fleurs roses sont communs dans les rochers et les éboulis de haute montagne et plus bas. Calice tubuleux à 5 dents. Fruit : capsule s'ouvrant à maturité au sommet en formant 6 dents.

Sur les rochers, les éboulis et l'herbe rase, de préférence sur les sols calcaires, jusqu'à 3 700 m d'altitude dans toutes les montagnes d'Europe.

Androsace des Alpes ; Saponaire faux-basilic ; Gypsophile rampante ; plusieurs plantes identiques en apparence, avec de petites fleurs roses ou blanches, poussent en montagne. Observez soigneusement les détails de la structure et de la forme des fleurs, ainsi que la forme et la disposition des feuilles.

Juin - août

▲ JOUBARBE À TOILE D'ARAIGNÉE

Basse ; 1,5 mm. *Sempervivum arachnoideum*

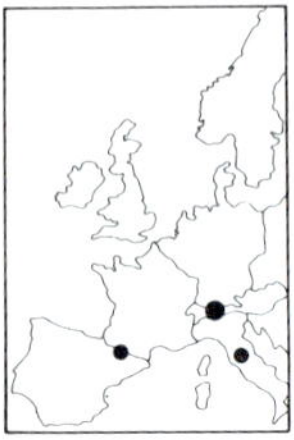

Fleurs rose-rouge en étoile, avec de 8 à 10 pétales, en grappe de 5 à 10 unités sur une tige dressée rougeâtre émergeant de petites rosettes serrées (Diamètre : jusqu'à 2,5 cm). Feuilles recouvertes de fins poils blancs.

Plante vivace formant de petits tapis. Feuilles charnues ; celles de la rosette sont petites et pointues, celles de la tige sont plus grandes et alternes. Fruit composé d'un groupe de carpelles.

Rochers, éboulis et roches détritiques acides, jusqu'à 3 000 m d'altitude, dans les Pyrénées, les Alpes et les Apennins.

Sempervivum montanum : fleurs rouge-violet atteignant 3 cm de diamètre, rosette basale vert terne, pubescente, sentant fort la résine. Joubarbe des toits : plus grande, rosettes nettement plus grandes (jusqu'à 8 cm de diamètre), dans les prairies, les rochers, jusqu'à 2 800 m ; Saxifrages ; Orpins.

Juillet - septembre

ANDROSACE DES ALPES ▲

Androsace alpina Basse ; 7-9 mm.

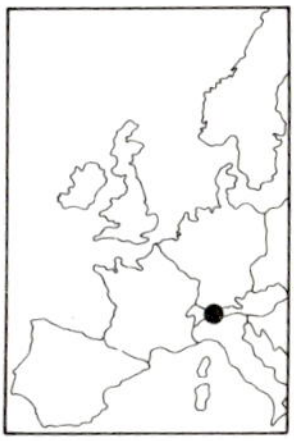

Une des plus belles fleurs de haute montagne. Fleurs solitaires à 5 pétales rose clair (parfois blancs) avec une gorge tubuleuse jaune. Lobes des pétales arrondis, non échancrés. Chaque fleur coiffe une tige feuillée.

Plante vivace, formant des coussinets plats parsemés de fleurs. Feuilles oblongues à lancéolées, mesurant environ 1 cm de long et couvertes de petits poils doux en étoile (visibles à la loupe). Le fruit est une petite capsule.

Sur les rochers et les éboulis granitiques, dans toutes les Alpes, entre 2 000 et 4 000 m d'altitude.

Androsace helvétique ; d'autres Androsaces poussent aussi en haute montagne, fleurs roses à blanches, parfois en petites ombelles coiffant la tige. Confusion possible avec la **Silène acaule**, aussi observez bien la structure des fleurs et des feuilles. **Saponaire faux-basilic. Gypsophyle rampante**.

Juillet - août

Autres espèces communes

1

2

3

4

5

Centaurée monocéphale (1) Bractées sous le capitule prolongées par une crête duveteuse. Endroits herbeux et rocheux, jusqu'à 2 600 m, Alpes, Apen. Juil.-août.

Cirse acaule (2) Capitule pourpre émergeant d'une rosette de feuilles épineuses. Sur sol calcaire, jusqu'à 2 550 m, partout. Juil.-sept.

Cirse hétérophylle (3) Grand. Feuilles lisses bordées d'épines, blanc laineux au dos. De 1 à 4 fleurs pourpres. Endroits humides, jusqu'à 2 350 m, partout sauf Apen. Juin-août.

Orchis globuleux (4) Petit. Inflorescence sphérique de fleurs roses, ponctuées de violet, avec pointe des pétales allongée. Prés, bois, jusqu'à 2 600 m, Pyr., Alpes, Apen. Mai-août.

Gentiane amarelle (5) Petite. Fleurs pourpres frangées de blanc. Prés, lieux sableux, jusqu'à 1 800 m. Alpes, GB, Scand. Juin-oct.

Autres espèces communes

1

2

3

4

5

Œillet (1) Fleurs rose foncé. Écailles de la base jusqu'à la moitié du calice. Endroits herbeux, rochers, jusqu'à 2 300 m. Pyr., ouest des Alpes. Juin-août.

Œillet de Sternberg (2) Grappes de fleurs roses odorantes, pétales en lanière jusqu'à la moitié. Endroits herbeux, bois, jusqu'à 2 000 m, Pyr., Alpes. Mai-août.

Œillet sylvestre (3) Fleurs rose vif, odorantes. Endroits herbeux, rochers, jusqu'à 2 800 m, Pyr., Alpes, Apen. Juil.-août.

Azalée naine (4) Buisson nain persistant. Petites fleurs rose pâle. Petites feuilles vert foncé, brillantes. Sol acide en montagne jusqu'à 3 000 m, partout sauf Apen. Mai-juil.

Polygale faux-buis (5) Sous-arbrisseau persistant. Fleur jaune puis rouge avec carène ocre orangé. Bois, endroits herbeux, jusqu'à 2 500 m, Alpes, Cév., Apen. Avril-sept.

Autres espèces communes

1

2

3

Potentille des marais (1) Fleurs étoilées pourpre foncé à 5 petits pétales et 5 grands sépales. Lieux humides, jusqu'à 2 100 m, partout sauf Apen. Mai-juil.

4

Prénanthe pourprée (2) Capitules rouge-pourpre composés de quelques fleurs ligulées. Lieux ombragés, jusqu'à 2 050 m, Pyr., Alpes, Apen. Juil.-sept.

Primevère hirsute (3) Feuilles, pétiole et calice visqueux, ponctués de rouge. Rochers et lieux herbeux acides, jusqu'à 3 600 m, Alpes et Pyr. Avril-juil.

5

Trèfle des Alpes (4) Bas. De 3 à 12 grandes fleurs roses ou pourpres par inflorescence. Feuilles étroites trifoliées. Lieux herbeux acides, jusqu'à 2 500 m, Pyr., Alpes, Apen. Juin-août.

Astragale de Montpellier (5) Basse, sans tige. Inflorescences rose-pourpre de fleurs papilionacées. Sol calcaire, jusqu'à 2 600 m, Pyr., Alpes, Apen. Avril-août.

Autres espèces communes

1

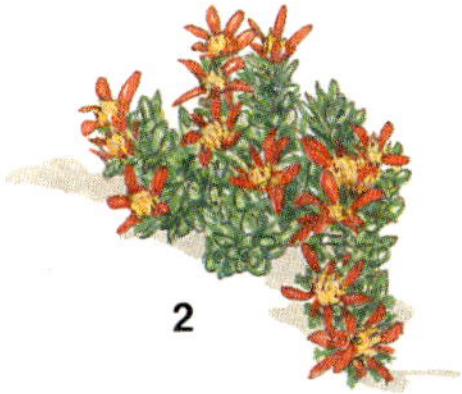

2

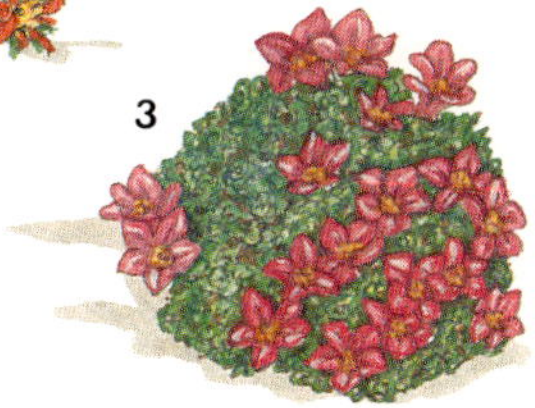

3

Petite pyrole (1) Petite. Épis rose pâle ou blancs de fleurs à 5 pétales, en cloche. Marais, bruyères, bois, jusqu'à 2 700 m, partout. Juin-août.

Saxifrage à deux fleurs (2) En coussinets bas. Fleurs pourpres. Feuilles avec pore unique incrusté de chaux. Rochers humides, de 2 000 à 3 200 m, Alpes. Juin-août.

Saxifrage à feuilles opposées (3) Tapis bas. Fleurs rose pâle à pourpres. Petites feuilles incrustées de chaux. Sol calcaire, jusqu'à 3 800 m, partout. Mai-août.

Tabouret à feuilles rondes (4) Petit. Petites fleurs à 4 pétales, sentant le miel. Feuilles charnues. Rochers, jusqu'à 3 000 m, Alpes, Apen. Juin-juil.

Pétrocalle des Pyrénées (5) Petite. Fleurs à 4 pétales. Feuilles lobées en forme de coin. Roche calcaire, jusqu'à 2 900 m, Pyr. Alpes. Juin-août.

4

5

Index

N'oubliez pas de cocher l'index au fur et à mesure de vos découvertes.

Abréviations utilisées

Alpes-Marit.	Alpes-Maritimes
Apen.	Apennins
Cev.	Cévennes
GB	Grande-Bretagne
Pyr.	Pyrénées
Scand.	Scandinavie